실전!
Node.js
마이크로서비스
개발

**자바스크립트를 이용한
마이크로서비스 구축부터
보안, 테스트, 배포까지**

실전! Node.js 마이크로서비스 개발

자바스크립트를 이용한 마이크로서비스 구축부터
보안, 테스트, 배포까지

지은이 디오고 헤센데

옮긴이 최민석

펴낸이 박찬규   엮은이 윤가희, 전이주   디자인 북누리   표지디자인 Arowa & Arowana

펴낸곳 위키북스   전화 031-955-3658, 3659   팩스 031-955-3660

주소 경기도 파주시 문발로 115, 311호 (파주출판도시, 세종출판벤처타운)

가격 25,000   페이지 304   책규격 188 x 240mm

초판 발행 2019년 01월 03일

ISBN 979-11-5839-129-4 (93000)

등록번호 제406-2006-000036호   등록일자 2006년 05월 19일

홈페이지 wikibook.co.kr   전자우편 wikibook@wikibook.co.kr

이 도서의 국립중앙도서관 출판시도서목록(CIP)은

서지정보유통지원시스템 홈페이지(http://seoji.nl.go.kr)와

국가자료공동목록시스템(http://www.nl.go.kr/kolisnet)에서 이용하실 수 있습니다.

CIP제어번호 CIP2018041207

실전!
Node.js
마이크로서비스
개발

자바스크립트를 이용한
마이크로서비스 구축부터
보안, 테스트, 배포까지

디오고 헤센데 지음
/
최민석 옮김

Packt> 위키북스

저자

디오고 헤센데는 15년 이상의 경력이 있는 개발자이며, 거의 초창기부터 Node.js를 이용해 작업해왔다. 그는 다양한 산업과 통신 프로젝트에 참여한 경험을 통해 애플리케이션의 전반적인 성능에 영향을 미치는 여러 아키텍처 구성 요소와 접근 방식에 대한 광범위한 배경 지식을 얻었다.

편집자

브루노 조세프 드멜로(Bruno Joseph D'mello)는 액시온 랩(Accion labs)에서 소프트웨어 개발자로 일하고 있다. 엔터테인먼트, 소셜 미디어, 엔터프라이즈, IT 서비스와 같은 분야의 웹 애플리케이션 개발에 6년이 넘는 개발 경력이 있다. 브루노는 카이젠의 개념에 심취해 있으며 웹에서 새로운 것을 설계하는 일을 좋아한다. 또한 《Web Development in Node.js and MongoDB》 2판, 《What You Need to Know about Node.js》, 《JavaScript and JSON Essentials》와 같은 책을 저술하며 그의 지식을 전파하는 것을 즐긴다.

항상 인내심을 보여주고 용기를 불어넣어 주는 가족에게 감사한다.

01

**마이크로서비스의
시대**

08

**클라우드
네이티브 마이크로서비스**

09

디자인 패턴

이 책은 일체형 Node.js 애플리케이션을 여러 개의 마이크로서비스로 분할하는 방법을 설명하는 완전한 안내서다. 익스프레스(Express), 히드라(Hydra), 세네카(Seneca)와 같은 몇 가지 도구 키트에 대해 다루고 간단한 마이크로서비스를 직접 작성해본다. 또한, 모카(Mocha)를 이용해 테스트 스위트를 만드는 지속적인 통합 방법을 소개한다. chai를 이용해 HTTP 인터페이스를 테스트하며, nyc를 이용해 테스트 커버리지를 확인한다.

컨테이너의 개념을 다루고 도커(Docker)를 이용해 첫 번째 배포를 수행한다. 그런 다음 도커 스웜(Docker Swarm)과 같은 도구를 사용해 서비스를 확장하는 방법을 알아본다. 쿠버네티스(Kubernetes)를 이용해 같은 작업을 하는 방법을 살펴볼 것이며, 로컬에서는 구글 클라우드 플랫폼을 이용하고 코드 수정을 최소화할 수 있는 동일한 최소 마이크로서비스 아키텍처를 사용할 것이다.

대상 독자

이 책의 대상 독자는 Node.js의 기초를 알고 있으며, 마이크로서비스의 세계로 들어가서 장점과 기술을 확인하고, 왜 이렇게 인기가 많은지 알아보려는 사람들이다. 자바나 C#과 같은 비슷한 프로그래밍 언어를 사용하는 개발자에게도 유용할 수 있다.

이 책이 다루는 내용

1장 *마이크로서비스의 시대*에서는 컴퓨팅의 진화와 처리 용량 및 사용자의 요구 변화에 따라 개발 방법과 패러다임이 어떻게 달라졌는지 살펴보고, 궁극적으로 마이크로서비스의 시대로 이어진 과정을 설명한다.

2장 *모듈과 도구 키트*에서는 마이크로, 익스프레스와 같은 간단한 모듈부터 히드라, 세네카와 같은 완전한 도구 키트까지 마이크로서비스 제작을 도와주는 여러 모듈과 다양한 접근법을 소개한다.

3장 *마이크로서비스 구축*에서는 가장 일반적인 모듈인 익스프레스를 이용해 아주 간단한 HTTP 인터페이스를 사용하는 간단한 마이크로서비스를 개발한다.

4장 *상태와 보안*에서는 서버 파일 시스템을 이용하는 방법부터 MySQL과 같은 구조화 데이터베이스 서비스로 이동하는 과정까지 마이크로서비스의 배포에 대해 다룬다.

5장 *테스트*에서는 모카와 chai를 이용해 이전 마이크로서비스에 테스트 커버리지를 추가한다.

6장 *마이크로서비스 배포*에서는 도커를 소개하며 마이크로서비스를 실행하는 데 사용되는 컨테이너 이미지를 만드는 과정을 배운다.

7장 *확장, 샤딩, 복제*에서는 도커 스웜과 쿠버네티스를 이용해 마이크로서비스를 로컬에서 확장하면서 복제의 개념을 다룬다.

8장 *클라우드 네이티브 마이크로서비스*에서는 완전한 클라우드 네이티브 마이크로서비스의 예로서 로컬 쿠버네티스를 구글 클라우드 플랫폼으로 마이그레이션하는 방법을 알아본다.

9장 *디자인 패턴*에서는 가장 많이 사용되는 아키텍처 디자인 패턴을 나열하고 이 책 전체에서 사용된 지속적 통합과 배포 루프에 대해 알아본다.

이 책을 최대한으로 활용하는 방법

Node.js에 대한 기본적인 경험이 필요하며, 언어에 대해서도 어느 정도 알아야 한다. 도커와 쿠버네티스에 대해 배울 때 컨테이너 개념을 알고 있으면 쉽지만 필수는 아니다.

Node.js와 npm을 설치해야 한다. 가급적이면 최신 안정화 버전을 사용하는 것이 좋지만, 장기 지원(LTS) 버전을 사용할 수도 있다. 쿠버네티스를 로컬로 배포하려면 나중에 설치해야 한다.

예제 코드 파일 내려받기

이 책의 예제 파일은 다음 위키북스 홈페이지에서 내려받을 수 있다.

- **위키북스 도서 페이지**: http://wikibook.co.kr/nodejs-microservices/

위키북스 홈페이지로 가서 『실전! Node.js 마이크로서비스 개발』 책을 검색해서 찾는다. 그리고 나서 이 책의 [예제 코드] 메뉴를 클릭하면 예제 파일을 내려받을 수 있다.

www.packtpub.com에서 자신의 계정을 이용해 이 책의 예제 코드 파일을 내려받을 수 있다. 이 책을 다른 곳에서 구매한 경우 www.packtpub.com/support를 방문하고 등록하면 이메일을 통해 예제 코드 파일을 받을 수 있다.

다음 과정에 따라 코드 파일을 내려받을 수 있다.

1. www.packtpub.com에 로그인하거나 등록한다.

2. SUPPORT 탭을 선택한다.

3. Code Downloads & Errata 항목을 클릭한다.

4. Search 입력란에 책 제목을 입력하고 화면에 나오는 지침을 따른다.

파일을 내려받고 다음 도구의 최신 버전을 이용해 파일의 압축을 푼다.

- 윈도우용 WinRAR/7-Zip

- macOS용 Zipeg/iZip/UnRarX

- 리눅스용 7-Zip/PeaZip

이 책의 코드 번들은 깃허브(https://github.com/PacktPublishing/Hands-On-Microservices-with-Node.js)에서도 제공되고 있다. 코드 업데이트가 필요한 경우 기존 깃허브 리포지토리가 업데이트된다.

https://github.com/PacktPublishing/에서 여러 서적의 코드 번들과 비디오를 찾아볼 수 있다. 꼭 확인해보길 바란다!

표기 관례

이 책 전체에 몇 가지 텍스트 표기 관례가 사용됐다.

CodeInText: 텍스트, 데이터베이스 테이블 이름, 폴더 이름, 파일 이름, 파일 확장자, 경로 이름, 더미 URL, 사용자 입력, 트위터 핸들 등과 같은 본문 내의 코드 단어를 나타낸다. 다음에 예가 나온다.

"화살표 함수는 자체 함수 유효 범위가 없는 짧은 식 함수 구문이다. 즉, this가 부모 유효 범위를 나타낸다."

코드 블록은 다음과 같이 표시한다.

```
function start() {
    this.uptime = process.uptime();
    setTimeout(() => {
        console.log(this.uptime);
    }, 5000);
}
start();
```

명령줄 입력이나 출력은 다음과 같이 표시한다.

```
npm init -y
npm install express --save
```

볼드: 새로운 용어, 중요한 단어 또는 화면에 표시되는 단어를 나타낸다. 예를 들어 메뉴나 대화 상자의 단어는 이와 같이 표시된다. 다음에 예가 나온다.

"데이터베이스를 보려면 맨 위쪽의 **Tables** 섹션으로 이동한다."

경고나 중요한 참고는 다음과 같이 나타낸다.

 경고 또는 중요한 알림을 표시

 팁 또는 트릭을 표시

마이크로서비스의 시대

수십 년 전, 정확히 말해 1974년 인텔은 2MHz 클록 속도와 64KB 메모리를 장착한 8비트 프로세서인 8080을 출시했다. 이 프로세서는 알테어라는 컴퓨터에 채용됐고 개인용 컴퓨터에 혁명의 불을 댕겼다.

알테어는 완제품이나 조립 키트 형태로 판매됐는데, 실제 개인이 컴퓨팅을 경험할 수 있는 최초의 개인용 컴퓨터였다. 비록 설계상의 실수가 몇 가지 있었고 제대로 사용하고 프로그래밍하려면 전자공학 학위가 필요할 만큼 전문적인 제품이었지만, 일반 대중에 개인용 컴퓨터를 보급하는 촉매제 역할을 했다.

이후 컴퓨터 업계는 2년마다 프로세서 속도가 2배로 향상된다는 무어의 법칙을 따르며 급격한 발전을 이뤘다. 그러나 이후 오랫동안 프로세서는 단일 코어였고 효율이 낮았다(클록 사이클마다 전력을 소비했다). 이 때문에 서버는 HTTP 페이지를 제공하거나 LDAP(Lightweight Directory Access Protocol) 디렉터리 하나를 관리하는 것과 같은 서비스라고 하는 특정한 작업을 한 번에 하나씩 하는 것이 일반적이었다. 서비스는 아주 적은 수의 구성 요소로 이뤄진 일체형(monolith)이었고, 한번에 컴파일 되며, 실행 환경의 하드웨어 프로세서와 메모리를 거의 독차지할 수 있었다.

1990년대에도 인터넷은 소수 사용자의 전유물이었고, HTML과 HTTP 기반의 하이퍼텍스트는 초기 단계였다. 공유되는 문서는 간단했고 브라우저는 그때마다 다른 언어와 프로토콜을 사용해 개발됐다. 인터넷 익스플로러와 넷스케이프 간의 시장 점유율을 둘러싼 쟁탈전은 치열했다. 넷스케이프는 자바스크립트라는 기술을 도입했고 인터넷 익스플로러는 이를 카피한 JScript를 도입했다.

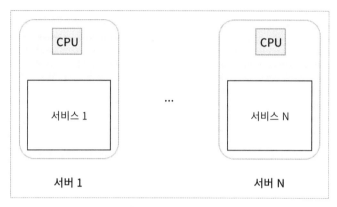

단순한 싱글 코어 서버

2000년으로 접어들면서 프로세서 속도가 계속 빨라지고, 메모리 용량도 여유롭게 커지면서 32비트로는 메모리 주소를 할당하기 부족한 수준이 됐다. 새로운 64비트 아키텍처가 등장했고 100W 이상의 전력을 소비하는 개인용 컴퓨터 프로세서도 출시됐다. 서버의 처리 능력이 향상됨에 따라 다른 방식으로 서비스를 처리할 수 있게 됐지만, 개발자들은 서비스를 여러 부분으로 나누려는 시도를 하지 않았다. 프로세스 간 통신 속도는 느렸고, 서비스는 단일 프로세스 안의 스레드로 유지됐다.

인터넷이 더 폭넓게 보급되면서 통신회사들은 인터넷과 전화, TV를 함께 묶어 제공하는 번들 서비스를 선보이기 시작했다. 스마트폰이 혁명의 일부가 됐고 스마트폰의 시대가 시작됐다.

JSON이 자바스크립트 언어의 하위 집합으로 등장했는데, 언어 독립적인 데이터 형식으로 보는 시각이 많고 일부 웹 서비스에서 이 형식을 지원하기 시작했다.

다음 그림은 하나의 프로세서에서 두 개의 서비스를 실행하는 서버의 예를 보여준다.

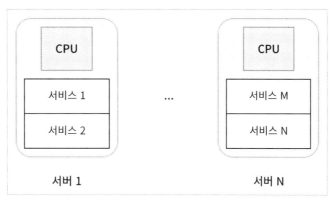

강력하지만 단일 코어인 서버

그러다가 프로세서의 발전 방향에 변화가 생겼다. 속도를 높이는 데 집중하는 대신 2코어 프로세서가 출시되기 시작했고, 곧 4코어 프로세서도 등장했다. 나중에는 8코어 프로세서도 출시되면서 컴퓨터의 발전 방향은 한동안 이 추세를 이어갔다.

이것은 개발 패러다임의 아키텍처에도 변화가 필요하다는 의미였다. 시스템이 모든 프로세서를 알아서 잘 활용하도록 두는 것은 현명하지 않다. 서비스가 이 새로운 레이아웃을 활용하기 시작했으며, 이제 서비스가 코어당 프로세스를 하나 이상 가지는 것도 일반적인 일이 됐다. 아파치나 엔진엑스와 같은 웹 서버나 프락시를 보면 알 수 있다.

이제 인터넷이 더 널리 보급됐다. 인터넷에 대한 모바일 액세스가 모든 인터넷 액세스의 절반에 근접했다.

2012년에 IETF(Internet Engineering Task Force)는 HTTP의 두 번째 버전(HTTP/2)의 첫 번째 초안을 시작했고 W3C(World Wide Web Consortium)에서도 이제는 오래돼서 리메이크가 필요해진 HTML의 리메이크(HTML5)를 시작했다. 다행히 대부분 브라우저가 새로운 기능과 사양을 병합하는 데 동의함에 따라 더 이상 개발자가 브라우저별 특수 상황에 대비하고 테스트하는 부담이 사라졌다.

다음은 각 서버가 두 개 이상의 프로세서를 장착함에 따라 더 많은 서비스를 실행하는 상황을 보여준다.

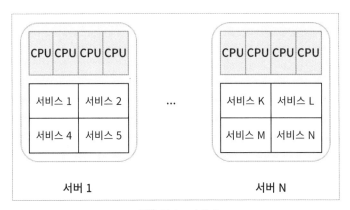

강력한 멀티 코어 서버

실시간 정보 접근의 필요성 높아지고 있으며, **사물 인터넷(IoT)**에 의해 인터넷에 연결하는 장치의 수가 급증했다. 이제 한 가정에서 여러 개의 장치를 사용하는 것이 보편화됨에 따라 애플리케이션이 이러한 성장세를 감당할 수 있어야 한다.

HTTP는 인터넷에서 통신 표준 프로토콜로 사용된다. HTTP는 트래픽이 적은 프로토콜(비디오 스트리밍과는 달리)로 간주되므로 일반적으로 라우터에서 차단하지 않는다. HTTP가 트래픽이 적다고 단정할 수는 없지만 이제와서 이 동작을 변경하면 문제가 발생할 수 있으므로 널리 통용된다.

요즘은 HTTP 서비스 개발자 API가 JSON과 연동되는 것이 일반적이므로 2015년 이후 신버전을 발표한 대부분의 프로그래밍 언어가 기본적으로 이 데이터 형식을 지원한다.

프로세서의 진화와 현재 인터넷의 높은 데이터 수요를 감안할 때 서비스나 애플리케이션을 여러 개의 사용 가능 코어로 확장하는 것에서 그치지 않고 단일 하드웨어 시스템 바깥으로 확장하는 것도 중요해졌다.

많은 개발자가 **서비스 지향 아키텍처(SOA)** 원칙을 따르기 시작했다. 이 원칙에서 아키텍처는 서비스에 집중한다. 각 서비스는 다른 대상에게 자신을 애플리케이션 구성 요소라고 소개하고 자신에 대한 정보를 다른 애플리케이션 구성 요소에 제공하며 몇 가지 표준 통신 프로토콜을 통해 메시지를 전달한다.

마이크로서비스 소개

SOA의 변형 중 하나인 마이크로서비스가 점차 더 많은 관심을 받고 있다. 많은 프로젝트가 이 아키텍처를 도입하고 있는데, 그 이유는 우선 쉽게 이해할 수 있기 때문이다. 정보에 대한 수요가 끊임없이 증가함에 따라 애플리케이션도 계속 복잡해지고 있으며, 특히 새로운 데이터 원본에서 새로운 데이터 가상화 장치로 전송되는 데이터가 폭증하고 있다.

새로운 통신기술이 등장하고 소셜 서비스가 우후죽순처럼 등장함에 따라 사람들은 애플리케이션이 오늘날의 사이버 생활양식으로 통합되기를 기대한다.

마이크로서비스는 모든 복잡한 서비스를 공통 기능을 목표로 하는 작고 단순한 서비스로 세분화하는 간단한 전략을 정의하여 이러한 과제를 해결한다. 마이크로서비스는 서비스가 작고 가벼워서 유지, 개발 및 테스트를 쉽게 수행할 수 있으며, 응답성이 좋고 확장이 용이하다.

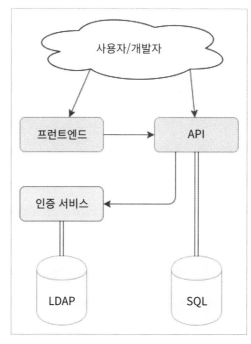

간단한 마이크로서비스 아키텍처의 예

위 다이어그램은 애플리케이션을 여러 작은 마이크로서비스(녹색과 파란색으로 표시)로 분할한 예를 보여주는데, 프런트엔드 인터페이스용과 API용, 인증용 마이크로서비스가 하나씩 사용되었다.

이렇게 하면 비즈니스 논리를 작고 재사용 가능한 부분으로 분해해서 다른 개발팀이나 그룹이 동시에 개발할 수 있다. 즉, 프로그램의 각 부분이 서로 격리되므로 한 부분을 개발하면서 다른 부분의 코드를 고장 낼까 봐 걱정하지 않아도 된다.

마이크로서비스는 상호 간의 커뮤니케이션을 잘 정의하는 것이 중요하며 JSON을 데이터 포맷으로 사용하며 HTTP를 통해 통신하는 것이 일반적이다. XML과 다른 포맷을 사용하는 것도 가능하지만 현재는 거의 사용되지 않는다. 서비스 간 통신에는 AMQP를 사용하는 경우도 많지만, 공용 API 서비스에는 잘 사용되지 않는다.

이 아키텍처의 장점을 요약하면 다음과 같다.

- **간편한 유지 관리**: 서비스를 분리하면 규모가 작아지고 단순해지므로 개발, 테스트 및 배포가 쉬워진다.
- **디자인 강제**: 개발하려는 애플리케이션에 적절하고 바람직한 디자인을 강제할 수 있다.
- **논리 캡슐화**: 서비스가 특정한 목표(예: 이메일 전달)를 가지므로 서비스를 재사용할 수 있으며, 특정 작업을 수행하기 위한 논리가 서비스 안에 캡슐화된다.
- **대체 가능**: 서비스의 기능과 통신이 잘 정의되므로 서비스를 대체하기 쉬워진다.
- **특정 기술에 종속되지 않음**: 각 서비스를 최적의 도구와 언어를 사용해 개발할 수 있다.
- **우수한 성능**: 서비스는 작고 가벼우며, 앞서 언급한 대로 최적의 도구를 사용할 수 있다.
- **업그레이드 가능**: 서비스를 개별적으로 교체 및 업그레이드할 수 있다.
- **생산성**: 복잡성이 높아지기 시작하면 일체형 애플리케이션보다 생산성이 높아진다.

물론 이 아키텍처를 적용하기 위해 치러야 하는 비용도 있다.

- **의존성**: 이 아키텍처는 특정 기술에 종속되지 않지만, 다른 서비스에 대한 의존성 문제가 있을 수 있다.
- **복잡성**: 아주 작은 애플리케이션의 경우 일체형보다 오히려 복잡할 수 있다.
- **종단 간 테스트**: 일체형 애플리케이션에 비해 상호 연결되는 서비스의 수가 많으므로 애플리케이션을 종단 간으로 테스트하는 작업이 더 복잡하다.

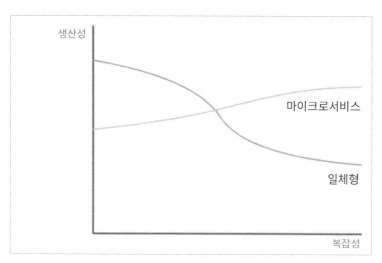

일체형과 마이크로서비스 아키텍처의 생산성과 복잡성 비교

이 그래프는 일체형과 마이크로서비스 아키텍처에서 생산성과 복잡성의 관계를 개략적으로 보여주는 것이므로 지나치게 집착할 필요는 없다. 시작 부분을 보면 복잡성이 낮은 단계에서는 마이크로서비스의 아키텍처를 시동하는 데 필요한 작업이 많고 여러 가지를 고려해야 하므로 생산성이 낮다.

그러나 복잡성이 높아지면 일체형 애플리케이션을 관리하기 어려워지며 생산성이 감소하기 시작한다. 반면에 마이크로서비스 아키텍처의 경우 서비스를 분리하기 시작함에 따라 아키텍처 기반이 이미 완성되어 있고 각 서비스를 관리하기 쉽기 때문에 생산성이 증가한다.

일부에서는 마이크로서비스도 복잡성이 높아지면 결국에는 모든 서비스가 영향을 받으면서 생산성이 증가하지 않는다고 주장하지만, 복잡성이 높아진 서비스를 작은 서비스로 분할하는 첫 번째 규칙을 잘 따른다면 이 문제는 발생하지 않는다.

이 아키텍처 디자인을 여러 애플리케이션에서 올바르게 사용하면 장기적으로 이익을 거둘 수 있다. 서비스를 재사용할 수 있으므로 더 많이 사용된다. 결과적으로 서비스를 더 잘 테스트하고 내구성을 개선할 수 있다.

또한 개발팀이 이전에 시동한 애플리케이션이 있으면 다음 애플리케이션은 더 빨리 시동할 수 있다. 이전 서비스를 통합할 수 있으며, 초기 애플리케이션 테스트 기반을 더 빨리 마련할 수 있다.

마이크로서비스 접근법은 하나의 기술 스택에 대한 장기적인 의존성을 제거하는 데도 도움이 된다. 차후에 스택을 변경할 필요가 생기면 새로운 스택을 사용해 새로운 서비스를 시작하고, 전체 애플리케이션에 대한 손상 없이 기존 서비스를 하나씩 업그레이드할 수 있다.

Node.js 소개

Node.js는 많은 인기를 끌고 있는 소프트웨어 런타임 플랫폼으로서, 실행 언어로 자바스크립트나 ECMAScript를 사용한다. 자바스크립트는 브라우저를 위해 개발됐으며 기본 정의상 아주 간소하다. 브라우저는 페이지 요소와 이벤트에 대한 DOM이라는 접근 레이어를 생성한다. 이것이 많은 사람이 이 언어를 싫어하는 중요한 이유이다. Node.js는 기본 언어만 취하고 API를 추가해 개발자가 파일 시스템과 네트워크에 해당하는 입출력에 접근할 수 있게 했다.

Node.js는 2009년 라이언 달(Ryan Dahl)이 개발을 시작했다. 그는 당시 사용되던 것보다 성능이 우수하고 블로킹이 덜한 프로그램의 필요성을 느꼈다. Node.js는 초기부터 구글의 V8 자바스크립트 엔진을 사용했고 2009년 베를린에서 열린 JSConf에서 처음 소개됐다.

언어 자체만 보면 작고 괜찮으며, 함수형이고, 객체지향적이며, 프로토타입 기반의 언어다. 모든 것이 객체이거나 객체로부터 상속받는다. 심지어 숫자나 함수도 객체로부터 상속받는다. 장점은 다음과 같다.

- 함수가 일급 객체임

- 함수 및 블록 범위의 변수

- 클로저 및 익명 함수

- 느슨한 형식 지정(단점으로 볼 수도 있음)

Node.js는 개발자가 파일 시스템에 접근하고, 프로세스를 실행 및 관리하며, 네트워크를 통해 통신할 수 있게 해주는 API 모듈의 그룹에 자바스크립트를 도입했다. 또한 원래는 기존 웹 서버를 대체하기 위해 설계됐으므로 클라이언트나 서버 역할을 수행할 HTTP와 HTTPS 모듈도 가지고 있다. 이 외에도 코어(예: DNS 또는 URL)와 별도로 구축되지만, 코어 내에서 작동하며 유지 관리되는 몇 가지 다른 모듈도 있다.

초창기 Node.js는 상당히 불안정했으며, 코드 안정성과 API 안정성이 모두 좋지 않았다. 메서드가 버전별로 급격하게 바뀌기도 했고, 모듈에 대한 지원이 중단되고 급히 다른 모듈로 대체되기도 했다(자세한 내용은 sys 모듈을 검색한다). 이 시기에는 용감한 개발자만 Node.js를 실무에 사용할 수 있었다.

버전 0.8이 되면서 자리를 잡았고 API도 안정화됐다. 덕분에 큰 기업들이 지원하기 시작했고 커뮤니티도 성장했다. 2014년에는 주요 관계자들의 의견 충돌 때문에 한차례 분기가 발생했지만, 커뮤니티는 유지됐고 2015년에는 두 코드 트리가 다시 병합됐다.

가장 자주 사용되는 Node.js 모듈

Node.js는 구글의 V8을 사용하며 작고 안정적인 API를 가지고 있기 때문에 마찬가지로 성능이 우수하고 안정적이다. 작은 API를 사용하는 이유는 코어 API에는 핵심 기능만 넣고 나머지 모든 것은 모듈에 넣는다는 커뮤니티의 지침 중 하나를 따르기 때문이다. 이것이 Node.js의 중요한 장점 중 하나다. Node.js의 커뮤니티에는 수십만 개의 모듈이 공유되고 있다.

어떻게 생각하면 이와 같이 단 하나의 작업을 하는 별도의 모듈을 만드는 것이 바로 마이크로서비스의 접근법이다. 예를 들어 특정한 용도를 위한 안정적이고 성숙한 모듈을 수천 명의 개발자가 사용하는 예를 쉽게 볼 수 있다. 이러한 성숙한 모듈은 모두 배포하기 쉬우며, 안정적으로 잘 작동하는지 확인할 수 있는 테스트 스위트를 제공한다.

그런데 Node.js가 이러한 모듈에 대한 것만은 아니다. 자바스크립트도 최근 몇 년간 많은 발전을 했으며, 구글 V8도 항상 얼리 어답터의 면모를 보였기 때문에 Node.js 개발자는 최신 기능을 가장 먼저 사용할 수 있다. 이러한 기능 중에는 개발자가 코드를 간소화할 수 있는 새로운 방법을 제공하거나 **콜백헬**(callback hell)이라고 하는 문제를 해결하도록 도와주는 것이 있다.

Node.js의 **장기 지원(LTS)** 버전은 여러 새로운 언어 기능에 대한 안정적인 지원을 포함하고 있다. 이러한 기능 중 몇 가지를 소개하고 어떤 면에서 유용한지 알아보자.

모듈

Node.js 코드는 모듈이라고 하는 별도의 파일로 개발한다. 모듈은 다음과 같은 세 가지 유형이 있다.

- 코어 모듈은 어디에서든 로드할 수 있다.

- 의존성 모듈도 어디에서든 로드할 수 있다.

- 로컬 모듈은 상대 경로를 기준으로 로드해야 한다.

모듈은 동기식으로 로드되며 캐싱된다. 즉, 같은 모듈을 반복 로드하면 Node.js가 모듈을 다시 로드하지 않고 이미 로드된 모듈의 참조를 전달한다. 이 동작은 세 가지 유형의 모듈 모두 동일하다.

```
# 모듈과 같은 경로의 settings라는 JSON 파일 로드
const settings = require("./settings");
```

로컬 모듈은 상대 또는 전체 경로를 알아야 사용할 수 있는 간단한 파일이다. 경로를 로드하고 Node.js가 해당 경로에서 index.js를 검색하도록 할 수도 있다. JSON 파일을 로드할 수도 있으며, Node.js는 .js 및 .json 파일을 찾으므로 파일 확장자를 지정할 필요는 없다.

모듈은 하나의 객체이며, 모듈 개발자는 모듈에서 노출할 것과 노출하지 않을 것을 결정해야 한다. 로드하는 모듈에는 다른 코드와 마찬가지로 타이머와 입출력 작업이 포함될 수 있으며, 초기화하지 않아도 로드하는 즉시 실행될 수 있다.

사용할 수 있는 모듈은 수십만 개가 있다. 따라서 직접 모듈을 작성하기 전에 원하는 기능을 수행하는 모듈이 이미 있는지 찾아보는 것이 좋다. 일부 모듈의 경우 한두 개의 함수만 필요할 때 모듈 전체를 로드하지 않고 부분(예: async 및 lodash)만 로드하여 메모리 점유 공간을 줄일 수 있다.

화살표 함수

화살표 함수는 자체 함수 유효 범위가 없는 짧은 식 함수 구문이다. 즉, this가 부모 유효 범위를 나타낸다. 화살표 함수는 개발자가 나중에 참조하기 위해 부모 유효 범위에 대한 참조를 저장할 필요가 없게 해준다.

```
function start() {
    this.uptime = process.uptime();
    setTimeout(() => {
        console.log(this.uptime);
    }, 5000);
}
start();
```

또한 간단한 연산 함수(예: 배열 함수)에 대한 코드를 더 간결하게 작성할 수 있게 해준다. 화살표 함수는 정보의 배열을 필터링, 변환 또는 단일 값으로 줄이는 작업에 매우 유용하다.

```
let double = function (value) {
    return value * 2;
};


[ 1, 2, 3 ].map(double);        // [ 2, 4, 6 ]
[ 1, 2, 3 ].map(v => v * 2);    // [ 2, 4, 6 ]
```

클래스

자바스크립트의 클래스는 상속 모델에 기반을 두는 편의 문법(syntactic sugar)이다. 자바스크립트에 이미 존재하지만, 신규 개발자에게는 익숙하지 않은 객체 지향 상속을 정의하는 새로운 방법을 소개하는 역할을 한다. 또한 객체 프로토타입을 확장 및 정의하는 더 간단한 방법을 소개했다.

```
class Rectangle {
    constructor (w, h) {
        this.w = w;
        this.h = h;
    }
    get area () {
        return this.w * this.h;
    }
    static clone(r) {
        return new Rectangle(r.w, r.h);
    }
}
```

이 코드는 사각형의 너비와 높이를 지정하는 생성자와 면적을 계산하는 `area` 메서드를 포함하는 `Rectangle` 클래스를 만든다. 그리고 `Rectangle` 인스턴스를 복제하는 정적 메서드를 추가한다.

이전의 프로토타입 정의를 지금 사용해도 되지만 이 구문을 사용하면 더 엄격한 규칙을 강제할 수 있다. 더 구체적으로 말하면 다음과 같다.

- 호이스팅(hoisting)이 없다. 즉, 사용 전에 클래스를 정의해야 한다.
- 프로토타입 재정의가 없다.

Promise와 async/await

Promise는 비동기 작업의 완료 또는 실패를 나타내는 객체다. Promise는 체인 방식으로 직렬 작업을 수행하거나, 모든 작업이나 심지어 경합 작업이 실행될 때까지 병렬로 실행하거나 첫 번째 완료 또는 실패만 기다릴 수도 있다.

```
Promise.race([
    new Promise((resolve, reject) => {
        // 오래 걸릴 수 있는 작업
    }),
    new Promise((resolve, reject) => {
        setTimeout(reject, 5000);
    })
]).then(() =>
    { console.log("success!");
}, () => {
    console.log("failed");
});
```

최근에는 동기식 코드 구문을 모방할 수 있는 Promise 중심의 편의 구문이 만들어졌다. 기본적으로 async 키워드를 사용해 함수가 비동기식임을 지정할 수 있으며, 이러한 함수는 호출되면 Promise를 반환한다. 함수가 값을 반환하면 Promise가 해당 값으로 확인되며, 함수가 오류를 생성하면 Promise가 거부된다.

다음과 같이 비동기 함수를 다른 비동기 함수 안에서 사용할 수 있다.

```
function delay(timeout) {
   return new Promise((resolve) => {
      setTimeout(resolve, timeout);
   });
}
async function run() {
   await delay(1000);
   console.log("done");
}
run();
```

전개와 rest 구문

전개(spread) 구문을 사용하면 이터러블(iterable)을 함수의 인수나 배열의 요소와 같은 위치에서 확장할 수 있다. 전개 구문은 예를 들어 초기 인수의 집합을 받은 후 무제한 인수를 받는 함수에 유용하다.

```
const concat = (separator, ...parts) => (parts.join(separator));

concat(", ", 1, 2, 3); // "1, 2, 3"
```

이 예는 인수 객체에 접근할 수 없는 화살표 함수에서 특히 중요하다. 또한 다음 예와 같이 배열을 병합하는 데도 아주 유용하다.

```
const a = [ 1, 2, 3 ];
const b = [ 4, 5, 6 ];

[ ...a, ...b ]; // [ 1, 2, 3, 4, 5, 6 ]
```

함수 기본 매개변수

이제 기본 인수 값을 정의하기 위해 논리 연산자를 사용하거나 인수 형식을 검사할 필요가 없으며, 프로토타입 안에서 직접 정의할 수 있다.

```
function pad(text, len, char = " ") {
   return text.substr(0, len) + (text.length < len ? char.repeat(text.length - len) : "");
```

```
    }
    pad("John", 10, "=");
```

파이썬과 같은 언어로 개발한 경험이 있다면 자바스크립트의 기본 인수는 함수를 정의할 때가 아니라 호출 시 평가된다는 것을 기억할 것이다. 즉, 새로운 객체가 매번 생성된다는 의미다.

```
function add(value, list = []) {
    list.push(value);
    return list;
}

add(1); // [ 1 ]
add(2); // [ 2 ] , not [ 1, 2 ]
```

구조 분해

구조 분해는 속성으로 객체를 구성(대상)하거나 속성을 객체에서 추출(원본)하는 편리한 방법이다. 구조 분해를 사용하면 다음의 예와 같이 인수에서 특정 객체 속성을 선택하거나 변수 값을 교체할 수 있다.

```
// head = 1, tail = [ 2, 3, 4]
let [ head, ...tail ] = [ 1, 2, 3, 4 ];

// list = [ "john", "jane" ]
let { users: list } = { users: [ "john", "jane" ] };
```

할당과 함수 인수에 더 복잡한 구조 분해를 사용할 수도 있다. 또한, 기본값을 할당할 수도 있다.

```
class Rectangle {
    constructor({ width = 100, height = 50 } = {}) {
        this.width = width;
        this.height = height;
    }
}
```

템플릿 리터럴

템플릿 리터럴은 식 포함을 허용하는 문자열 리터럴이며, 여러 행으로 작성할 수 있다는 장점이 있다.

```
function hello(name) {
    console.log(`Hello ${name}`);
}
```

어떤 종류의 식이라도 평가할 수 있다는 점에서 간단한 변수 대체와는 다르다.

```
function hello(name, age) {
    console.log(`hi ${name}, you were born in ${(new Date).getFullYear() - age}`);
}
```

Node.js 사용의 장점

Node.js는 모든 종류의 애플리케이션을 구축할 수 있는 강력한 플랫폼이 됐다. 최근에는 트위터, 링크드인, 이베이와 같은 주요 기업에서 프런트엔드 인터페이스와 정보를 제공하고 특정 백엔드 서비스와 개발자 API 인터페이스를 제공하기 위해 Node.js를 사용하고 있다.

Node.js를 사용할 때 얻을 수 있는 장점을 하나씩 확인해보자.

Node.js 패키지 매니저

현재 사용 가능한 막대한 수의 모듈을 활용하면 어떤 종류의 애플리케이션이나 서비스도 쉽게 개발할 수 있으며, 이렇게 개발한 코드는 npm을 사용해 손쉽게 다른 서버로 배포할 수 있다. 실제로 npm은 Node.js를 사용했을 때의 장점 중 하나이며, Node.js가 빠른 속도로 보급된 이유 중 하나다.

```
# 의존성을 수준에 제한 없이 얼마나 빨리 검사하고
# 로컬에 다운로드 및 설치할 수 있는지 확인한다.

$ npm i express
+ express@4.16.2
added 48 packages in 3.129s
```

일부에서는 Node.js가 성능이 낮고, 일부 작업에는 효율이 좋지 않다고 비판하는 경우가 있다. 일부는 코드가 단일 스레드라는 사실을 지적하기도 하지만, 이러한 지적은 네트워크를 통해 통신하거나 파일 시스템 작업을 수행하는 유일한 방법인 코어 API가 작업자의 스레드 풀을 사용해 작업을 처리한다는 점은 생각하지 않은 것이다.

```javascript
const http = require("http");

// 요청은 별도의 스레드에서 처리되며 코드 실행은 계속된다.
http
.request("http://www.google.com")
.once("response", (res) => {
    console.log(res.headers);
})
.end();

console.log("getting google.com headers..");
```

비동기 I/O

Node.js를 만든 주목적은 비동기 입출력을 효과적으로 처리하기 위한 것이었다. 이 목적을 위해 Node.js는 자바스크립트 언어로 비동기 입출력을 수행할 수 있게 해주는 libuv를 기반으로 구축됐다.

Node.js는 비동기 입출력을 처리하기 위한 일종의 특효약이라고 할 수 있으며, 애플리케이션이 슬림하고 CPU 사용량이 그리 높지 않으면 입출력을 효율적으로 처리할 수 있는 최적의 도구다.

작성한 코드는 단일 스레드에서 실행되지만, 코드에서 파일을 열거나 HTTP 요청을 수행하려고 하면 다른 스레드를 사용한다. 즉, Node.js 아키텍처의 장점을 제대로 활용하려면 실제로 코어 API가 필요한 작업을 Node.js로 처리해야 한다.

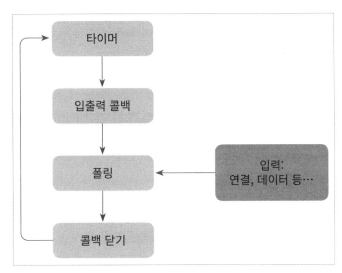

Node.js 이벤트 루프를 간소화한 버전

이벤트 루프는 비동기 입출력 코드의 처리를 담당하는 루프 메커니즘이다. 동기식으로 실행하는 코드는 즉시 실행된다. 반면에 타사 API나 데이터베이스에 연결하거나 파일을 여는 등의 나머지 코드는 폴에 큐 방식으로 저장된다. 그다음 setTimeout 또는 setInterval에 의해 시간이 만료되면 해당 코드가 실행된다. 그다음에는 입출력 콜백이 실행되고(있는 경우), 예를 들어 파일이나 소켓에서 데이터를 얻는 작업을 하며, 마지막으로 콜백 닫기가 실행된다. 물론 이 내용은 루프를 아주 단순화한 것이며, 실제로는 중간에 다른 작업(예: 콜백 닫기 전에 setImmediate 수행)이 수행된다.

큰 숫자나 높은 소수점 정밀도가 요구되는 수치 계산과 같이 프로세서 사용량이 높은 계산을 Node.js로 수행하면 성능이 만족스럽지 않을 것이다. 이 경우 이러한 약점을 자바스크립트 컨텍스트 바깥에서 해결하는 모듈을 찾아야 한다.

 고성능이 필요한 작업에 Node.js를 사용하려면 C++ 모듈을 만들어 대신 사용할 수 있다. 그러면 프로세서 사용량이 높은 작업을 C++로 해결하고 C++로 하기에는 복잡한 다른 작업에 Node.js를 사용할 수 있다.

커뮤니티

언어를 사용하는 사람도 그 언어에 여러 영향을 줄 수 있는데, Node.js는 아주 긍정적인 영향을 준 사례다. 과거 io.js 분기가 발생하기 얼마 전에는 몇 가지 어색한 사건들이 있었지만, 커뮤니티는 포기하지 않았고 이 언어에 대한 헌신을 통해 지금의 좋은 결과를 이끌었다.

많은 신규 사용자를 끌어들이는 데는 이와 같이 구조화된 언어 배경의 든든한 커뮤니티가 있다. 개발자가 기대하는 것을 제공하며 안정적이고 안전하게 유지하려는 노력이 계속되고 있다. 필자 개인적으로 커뮤니티는 새로운 언어를 사용할지를 고려할 때 가장 중요하게 여기는 원칙 중 하나다.

요약하면 Node.js의 장점은 다음과 같다.

- 여러 해 동안 많은 웹 개발자가 사용한 안정적이고 성숙한 언어

- 구글 V8 엔진 기반의 고성능 코어

- 거대한 커뮤니티, 특정 기능의 모듈을 손쉽게 찾을 수 있는 풍부한 모듈 기반

- 안정성과 보안에 중점을 두고 활동적으로 유지 관리되는 코어

일체형과 마이크로서비스

앞서 언급한 것처럼 마이크로서비스 아키텍처는 특정한 목표 애플리케이션을 달성하기 위해 느슨하게 연결된 서비스의 집합에 기반을 둔다. 이와 정반대 성격으로 일체형 애플리케이션이 있다.

일체형 애플리케이션은 밀결합된 구성 요소의 집합으로 구성된다. 이러한 구성 요소는 동일한 언어를 사용해 개발되며 애플리케이션이 완전한 하나로 실행된다. 가장 눈에 띄는 차이점은 시동 속도가 느리다는 점이다. 준비 과정에 여러 의존성이 필요할 수 있으므로 배포 과정도 더 느릴 수 있다.

사용자가 이벤트를 정의하면 해당 이벤트가 시작되기 전에 알림을 보여주는 간단한 이벤트의 예를 생각해보자.

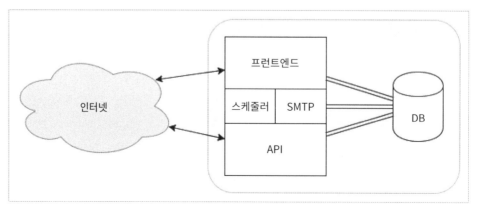

일체형 이벤트 애플리케이션

이 이벤트 애플리케이션이 하는 일을 정리해보자.

- 사용자가 자신을 등록하고 캘린더에 이벤트를 추가할 수 있게 한다.
- 이벤트가 시작되기 몇 분 전에(**스케줄러 구성 요소의 역할**) 사용자에게 이벤트 내용이 포함된 이메일을 전송한다 (**SMTP 구성 요소의 역할**).
- 사용자는 프런트엔드 인터페이스나 **API** 인터페이스를 사용할 수 있다.

이 애플리케이션이 일체형(오른쪽에 하나로 묶인 부분)이라고 가정하고, 가운데의 네 부분이 (다른 스레드에 있을 수는 있지만) 동일한 프로세스에 속한다고 생각해보자. 애플리케이션 전체에서 직접 데이터베이스에 접근한다면 어떻게 될까?

아주 작은 애플리케이션이라면 큰 문제가 아닐 수 있지만, 규모가 중간 이상이 되면 혼란이 시작된다. 다수의 개발자 그룹이 새로운 기능을 만들거나 기존 기능을 개선하는 일이 아주 힘들 것이며, 새로운 개발자가 그룹에 합류하면 코드를 수정하기 전에 기본 지식을 습득하는 데 꽤 많은 시간이 걸릴 것이다.

반드시 따라야 하는 첫 번째 원칙으로 DRY(Don't Repeat Yourself) 원칙이 있다. 여러 구성 요소가 한 데이터 원본에 접근하지 않도록 해야 이후 다른 개발자에게 도움이 된다. 나중에 이 데이터 원본을 변경하거나 구조를 수정해야 할 때 이 데이터 원본을 조작하는 구성 요소가 하나만 있다면 작업하기 쉬울 것이다. 데이터 원본에 대한 접근은 가능하다면 최소한으로 유지하는 것이 좋다.

이 예에서는 API가 데이터 원본에 접근하고 나머지 구성 요소는 API를 사용하도록 해야 한다.

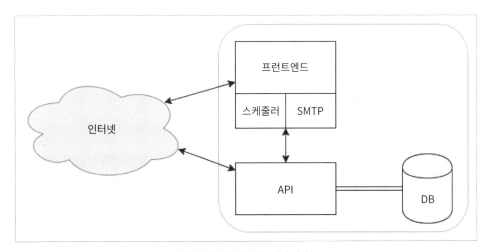

데이터 원본에 접근하는 단일 서비스

이제 두 가지 서비스가 있다.

- API – 데이터 원본에 접근하는 유일한 서비스

- 프런트엔드 – 사용자가 데이터 원본을 변경하기 위한 인터페이스

이벤트를 관리하는 일은 프런트엔드가 하지만, 프런트엔드는 직접 데이터 원본을 조작하지 않고 API 서비스를 통해 간접적으로 데이터 원본을 조작한다. 이렇게 하면 한 서비스가 데이터 원본을 관리하게 한다는 점 외에도 API를 외부 개발자가 개발할 수 있으므로 서로 이익이 된다.

개선의 여지가 없는 것은 아니다. **프런트엔드**를 별도의 서비스로 만들어 사용자 트래픽을 기준으로 인터페이스를 확장할 수 있게 하고 나머지 부분을 별도의 서비스로 분리할 수 있다. **스케줄러**와 SMTP는 모두 별도의 서비스로 만들 수 있는 후보다. SMTP는 나중에 개발할 다른 애플리케이션에서 재사용할 수 있는 서비스라고 봐야 한다.

이번에는 같은 애플리케이션을 마이크로서비스 접근법을 사용해 구축한 예를 살펴보자.

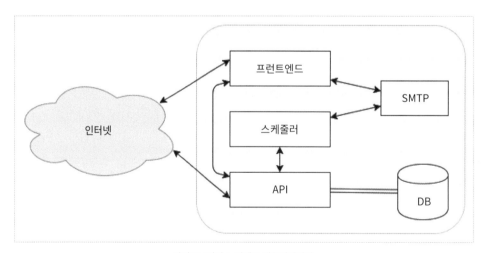

마이크로서비스 이벤트 애플리케이션

더 복잡하게 보이는데, 실제로 아키텍처는 더 복잡하다. 차이점은 구성 요소가 서로 느슨하게 연결돼 있으며, 각 구성 요소를 이해하고 유지 관리하기 쉽다는 점이다. 차이점과 장점을 정리하면 다음과 같다.

- API가 데이터 원본에 접근하는 유일한 구성 요소이므로 다른 구성 요소를 수정하지 않고도 데이터 원본을 SQLite, MongoDB, MySQL 등으로 교체할 수 있다.

- SMTP를 **프런트엔드**와 **스케줄러**에서 사용할 수 있으며, 로컬 서비스 대신 타사 이메일 전송 **API**를 사용하도록 변경하려고 결정한 경우 쉽게 변경할 수 있다.

- SMTP는 다른 애플리케이션에서 재사용할 수 있는 서비스 후보다. 즉, 다른 애플리케이션에서 사용하거나 이벤트가 여러 애플리케이션 간에 동일한 서비스를 공유할 수 있다.

이러한 구성 요소를 애플리케이션의 기능이라고 볼 수 있다. 애플리케이션 내의 다른 구성 요소에 영향을 주지 않고 교체, 업그레이드, 유지 관리 및 확장할 수 있다.

과소평가되는 경우가 많은 마이크로서비스의 장점 중 하나는 애플리케이션이 고장에 대한 저항력이 더 높다는 점이다. 일체식 애플리케이션의 경우 한 부분에서 문제가 생기면 애플리케이션 전체 실행이 중단될 수 있다. 마이크로서비스 접근법에서는 예를 들어 이메일이 제대로 전송되지 않더라도 나머지 서비스는 계속 작동한다. 이 전체 구조에 캐싱을 추가하면 API를 곧 재시작할 수 있다.

마이크로서비스의 패턴

마이크로서비스 아키텍처에도 다른 아키텍처와 비슷하게 쉽게 식별할 수 있고 애플리케이션 개발 접근법의 기반을 형성하는 여러 패턴이 있다.

이러한 패턴 중 일부는 초기 시동에 부담이 될 수 있으며, 결국에는 연기할 수 있다. 다른 일부는 처음부터 필수적이며 그렇지 않으면 나중에 완전한 마이크로서비스 접근법으로 마이그레이션하기 어려울 수 있다.

다음의 패턴 목록은 모든 패턴을 포함하지는 않지만 견고한 기반이 되기에 충분하다.

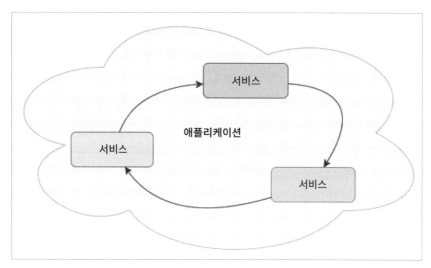

함께 작동하는 서비스가 모여 애플리케이션을 이루는 예

분해 가능

마이크로서비스 아키텍처의 기본 패턴은 느슨하게 연결된 서비스를 가진다는 것이다. 이러한 서비스는 더 작은 부분으로 분해할 수 있으며, 분해를 거치면 연관성이 강한 함수의 집합을 구현하는 서비스의 집합이 생성된다.

각 서비스는 작지만 완전해야 한다. 즉, 주어진 컨텍스트 안에서 함수의 집합을 실행해야 한다. 이러한 함수는 해당 컨텍스트에 대해 필요하거나 지원해야 하는 모든 함수를 나타내야 한다. 예를 들어 미팅 이벤트를 처리하는 서비스가 있다면 이벤트 생성, 변경, 제거, 특정 이벤트에 대한 정보 얻기 등 모든 미팅 이벤트 함수는 해당 서비스를 사용해 수행해야 한다는 의미다. 이것은 이벤트에 대한 구현 변경이 해당 서비스에만 영향을 주도록 하기 위한 것이다.

애플리케이션을 분해하는 데는 두 가지 중 한 가지 방법을 사용할 수 있다.

기능별 분해는 서비스가 (내용과 무관하게) 이메일 전송과 같은 특정한 하나의 기능이나 기능의 집합을 가진 경우에 사용한다.

하위 도메인별 분해는 서비스가 애플리케이션 도메인의 하위 도메인이나 모듈에 대한 완전한 지식을 가진 경우에 사용한다.

앞의 이벤트 애플리케이션의 예에서는 기능별로 서비스를 분해한다(예: SMTP 서비스). 애플리케이션이 이벤트만 관리하는 경우 API 서비스가 도메인별로 분해한 서비스일 수 있다.

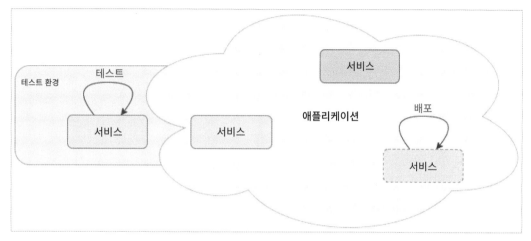

전체 애플리케이션이 아닌 독자적으로 테스트 및 배포되는 서비스의 예

독자적

마이크로서비스에서 각 서비스는 독자적이어야 한다. 애플리케이션을 구성하는 다른 서비스가 없더라도 작은 팀이 각 서비스를 실행할 수 있어야 한다. 또한 애플리케이션에 영향을 주지 않고 독자적으로 구현을 변경할 수 있어야 한다.

개발팀이 다음과 같이 할 수 있어야 한다.

- 비즈니스 논리를 만들고 서비스 기능이 예상대로 작동하는지 확인할 수 있는 단위 테스트를 만들 수 있어야 한다.
- 다른 서비스를 재시작하지 않고 기능을 배포, 업그레이드할 수 있어야 한다.

서비스는 아키텍처에 대한 변화를 최소화하면서 다른 서비스와 관계없이 진화하고 하위 호환성을 유지하며 새로운 함수를 추가하고 여러 위치로 확장할 수 있어야 한다.

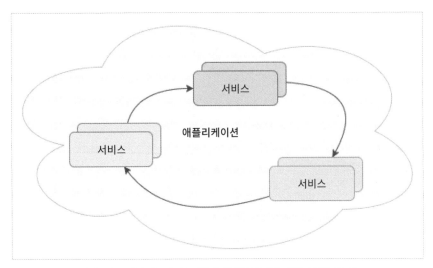

서비스당 두 개의 인스턴스를 사용해 내결함성을 갖춘 애플리케이션의 예

확장 기능

서비스는 확장 가능해야 한다. 최소 두 개의 인스턴스를 병렬로 실행하면 내결함성을 갖추고 유지 관리 다운타임을 최소화할 수 있다. 또한 지역적으로 고객과 가까운 위치로 서비스를 확장하여 애플리케이션 성능과 응답 시간을 개선할 수 있다.

이러한 확장을 효율적으로 수행하려면 애플리케이션 플랫폼에 서비스 검색과 라우팅이 필요하며, 다른 서비스에서 사용될 수 있는 서비스가 자신을 등록하고 기능을 노출할 수 있어야 한다. 그러면 나중에 다른 서비스가 서비스 디렉터리에서 정보를 얻고 사용할 서비스 기능에 접근하는 방법을 알 수 있다.

다른 서비스를 위해 복잡성을 낮추기 위해 서비스 라우터가 요청을 서비스 인스턴스로 전달하도록 할 수 있다. 예를 들어, 이메일을 전송하는 세 개의 인스턴스와 하나의 중앙 라우터를 사용해 라운드 로빈 방식 (round-robin)으로 이메일 전송 요청을 전달할 수 있다. 인스턴스 중 하나가 작동을 중지하면 라우터가 해당 인스턴스로 라우팅을 중지하여 애플리케이션의 나머지 부분에 대한 영향을 차단한다.

또 다른 방법으로 DNS 접근법을 사용하는 것이 있다. 네임 서비스는 하위 도메인으로 등록을 수행하며, 다른 서비스가 간단한 요청을 하면 하나 이상의 주소를 수신하고 하나의 서비스만 작동하는 것처럼 요청 과 서비스를 연결해준다.

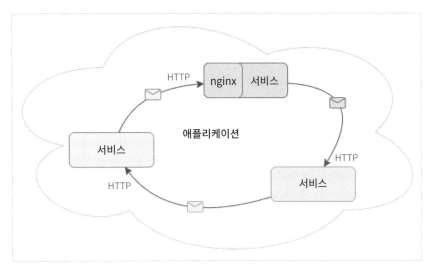

애플리케이션의 서비스 간 통신의 예

통신 기능

일반적으로 서비스는 REST를 준수하는 API를 사용해 HTTP를 통해 통신한다. 이 패턴은 필수는 아니지만, 현재 광범위한 HTTP의 입지를 고려하면 자연스러운 선택이다.

많은 수의 HTTP 서버가 있으므로 최소한의 노력으로 손쉽게 비-HTTP 서비스를 노출할 수 있다.

HTTP는 또한 성숙한 통신 전송 레이어다. HTTP는 상태 비저장(stateless) 프로토콜이며, 개발자와 작업에 다음과 같은 여러 기능을 제공한다.

- 일반적으로 사용되며 자주 업데이트되는 리소스의 캐싱
- 요청의 프록시 처리 및 라우팅
- TLS를 통한 통신 보안

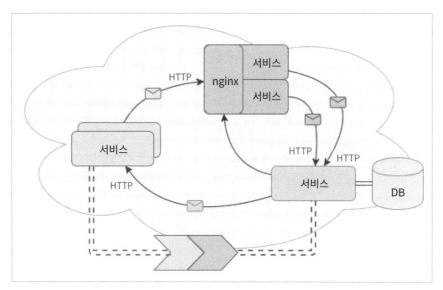

여러 서비스와 통신 스트림을 포함하는 복잡한 애플리케이션

마이크로서비스의 단점

마이크로서비스에는 많은 장점이 있으며, 이러한 장점은 장기적으로 애플리케이션이 더 복잡해질 때 잘 드러난다. 마이크로서비스 패턴은 주로 복잡성을 높이며, 전체 애플리케이션에 대한 추적을 유지하기 위해 개발과 관련된 상당히 엄격한 규칙을 지키도록 요구한다.

우선, 개발자는 분산 시스템의 복잡성을 추가한다. 분산 시스템에는 네트워크 통신이 필수적이다. 서비스가 서로 통신해야 하는 것은 물론, 일종의 서비스 검색 기법을 사용해 서로 찾을 수 있어야 한다.

이를 위해서는 요청을 교환할 안정된 네트워크가 필요하다. 즉, 간단한 요청을 교환하기 위해 복잡한 레이어가 추가된다. 또한 보안을 지원해야 하는 개발과 이를 처리하는 작업을 위해 보안의 추가 레이어가 더해진다. 앞서도 언급했듯이, 일체형 애플리케이션보다 마이크로서비스의 시동이 더 어렵다.

운영팀도 배포가 복잡하다는 점을 체감할 수 있다. 배포 시에는 여러 서비스를 개별 구성 요소로 간주하는 것이 좋으며, 실제로 이와 같이 보는 것이 이 아키텍처의 의도에 부합한다. 장기적으로는 새로운 애플리케이션을 위해 배포된 아키텍처의 일부를 사용할 수도 있지만, 작업 배포와 모니터링은 여전히 더 복잡하다.

또한 직접적인 단점은 아니지만, 아키텍처가 느슨하게 결합되므로 각 서비스를 최적의 도구를 사용해 구축하는 경우가 많으며, 이에 따라 이종 환경이 증가하고 운영팀이 더 넓은 기술 범위에 대한 이해가 필요할 수 있고, 이에 따른 실수가 생길 수 있다. 따라서 이미 작업에 사용 중인 도구가 있다면 해당 도구가 차선이라도 계속 사용하는 것을 고려할 수 있다.

또한 운영팀이 서비스 통신을 지원하는 데 자주 사용되는 메시지 큐와 같은 타사 서비스를 추가로 관리해야 할 수 있다. 확장성을 위해 추가해야 할 수 있는 다른 서비스로 서비스 검색이 있다. 완전한 확장형 애플리케이션의 경우, 운영팀이 새로운 서비스를 배포하면 서비스가 스스로 등록하여 애플리케이션의 생태계 전체에서 사용될 수 있게 한다.

즉, 개발은 더 쉬울 수 있고 여러 팀에서 애플리케이션 개발을 동시에 진행할 수 있지만, 애플리케이션을 완전한 확장형으로 만들려면 복잡성이 추가된다.

가까운 미래에 꼭 필요하다는 확신이 없으면 애플리케이션의 확장을 미리 과하게 준비할 필요는 없다. 시작 단계에서 애플리케이션 개발을 계획할 때는 작고 가벼운 서비스를 사용하고 이후 서비스를 업그레이드하면서 확장하는 것이 좋다.

다음의 세 지침에 따라 애플리케이션을 분할하는 거시적 전략을 권장한다.

- 서비스를 기능별로 분할한다.
- 하위 도메인을 단일 서비스에 유지한다.
- 확장을 준비하되 불필요하게 확장하지 않는다.

요약

요약하면 마이크로서비스는 복잡한 프로젝트를 구축하도록 도와주는 명확하고 수준 높은 패턴이다. 장기적으로 서비스 재사용을 유도하여 새로운 프로젝트의 복잡성을 낮추도록 도와주며, 애플리케이션을 여러 개의 작은 팀에서 독립적으로 개발할 수 있는 느슨하게 결합된 서비스로 구축할 수 있게 해준다. 대신 초기 단계에서 올바른 계획이 필요하며 배포가 더 복잡하다.

2장에서는 처음으로 마이크로서비스를 만들기 전에, 나중에 큰 프로젝트를 진행할 때 도움이 될 몇 가지 Node.js 도구를 살펴본다.

02

모듈과
도구 키트

지금까지 Node.js의 새로운 기능에 대해 알아보고 마이크로서비스가 무엇인지 살펴봤다. 다음은 우리가 직접 마이크로서비스를 만들 수 있는 도구와 모듈에 대해 알아볼 차례다. 몇 가지 옵션을 검토하고 간단한 마이크로서비스를 직접 만들면서 각 접근법의 장단점을 비교해보자.

다음과 같은 네 가지 모듈을 살펴본다.

- **익스프레스(Express)**: Node.js 생태계에서 가장 많이 사용되는 모듈

- **마이크로(Micro)**: 최소 기능 기반의 마이크로서비스 접근법

- **세네카(Seneca)**: 속성 매칭 기반의 마이크로서비스 도구 키트

- **히드라(Hydra)**: 마이크로서비스의 여러 문제(배포 및 모니터링)를 해결하는 데 도움이 되는 두 모듈을 번들로 제공하는 패키지

익스프레스(Express)

Node.js를 접해본 독자라면 대부분의 Node.js 플랫폼과 애플리케이션에서 중요하게 사용되는 모듈인 익스프레스에 대해 들어봤을 것이다. 이러한 명성은 우연히 얻어진 것이 아니다. 익스프레스는 나온 지 8년이 됐으며, Node.js 초창기부터 있었다.

익스프레스는 애플리케이션을 더 빠르게 개발할 수 있게 도와주는 아주 견고한 기반이다. 공식 홈페이지의 소개 글에서 볼 수 있듯이 익스프레스는 *빠르고, 유연하며, 미니멀리스트 웹 프레임워크다.*

Node.js에는 간단한 HTTP 서버를 만들 수 있는 HTTP 모듈이 있다. 그러나 세부적인 부분을 일일이 처리해야 하는 원시적인 형태이기 때문에 사용하기 쉬운 모듈형으로 만들어야 한다. 익스프레스를 사용하면 이러한 레이어를 직접 만들 필요가 없다.

익스프레스를 설치하려면 폴더를 만든 후 다음 명령을 실행한다.

```
npm init - y
npm install express --save
```

그다음, app.js라는 파일을 만들고 그 안에 다음 코드를 입력한다.

```
let express = require("express");
let app = express();

app.get("/", (req, res) => {
    res.send("Hello World");
});

app.listen(3000);
```

그다음, 다음 명령을 이용해 코드를 실행한다.

```
node app
```

브라우저에 http://localhost:3000/ 주소를 입력해본다. 다음과 비슷한 결과가 나온다.

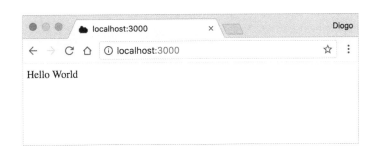

익스프레스를 사용하면 함수를 경로에 연결할 수 있다. 경로는 특정한 HTTP 메서드를 가질 수 있는(필수는 아님) URL이다. 경로 안에서 자동 매개변수 구문 분석을 수행할 수 있으며, 여러 함수를 동일한 경로에 연결해 순서대로 호출할 수도 있다. 또한 중간에 언제든지 순서를 중단할 수 있다. 모든 것은 개발자에게 달려 있다. 익스프레스는 유연하다는 것을 기억하자.

app.js 코드를 다음과 같이 수정하고 다시 실행해보자.

```
let express = require("express");
let app     = express();
let stack   = [];

app.post("/stack", (req, res, next) => {
    let buffer = "";

    req.on("data", (data) => {
        buffer += data;
    });
    req.on("end", () => {
        stack.push(buffer);
        return next();
    });
});



app.delete("/stack", (req, res, next) => {
    stack.pop();
    return next();
});

app.get("/stack/:index", (req, res) => {
    if (req.params.index >= 0 && req.params.index < stack.length) {
        return res.end("" + stack[req.params.index]);
    }
    res.status(404).end();
});

app.use("/stack", (req, res) => {
```

```
    res.send(stack);
});

app.listen(3000);
```

이번에는 POST와 DELETE 동사를 사용했으므로 브라우저에서 테스트하는 데 문제가 있다. 따라서 curl을 사용해 명령줄에서 요청을 수행해보자. 앞의 코드를 이해했는지 확인하기 위해 다음 순서를 따라해보자.

```
2. nazgul.home: /Users/dresende (bash)

~ > curl http://localhost:3000/stack
[]~ >
~ > curl --data zero http://localhost:3000/stack
["zero"]~ >
~ > curl --data one http://localhost:3000/stack
["zero","one"]~ >
~ > curl http://localhost:3000/stack/1
one~ >
~ > curl http://localhost:3000/stack/2 -v
*   Trying ::1...
* TCP_NODELAY set
* Connected to localhost (::1) port 3000 (#0)
> GET /stack/2 HTTP/1.1
> Host: localhost:3000
> User-Agent: curl/7.54.0
> Accept: */*
>
< HTTP/1.1 404 Not Found
< X-Powered-By: Express
< Date: Mon, 15 Jan 2018 21:31:26 GMT
< Connection: keep-alive
< Content-Length: 0
<
* Connection #0 to host localhost left intact
~ >
```

가장 먼저 /stack 요청을 수행하고 빈 배열이 반환되는지 확인한다. 그다음, --data를 사용해 zero를 HTTP 요청 본문으로서 전달한다. curl은 이를 POST로 간주한다. 그다음, 본문 one을 이용해 같은 작업을 한다. 두 요청에 대해 모두 스택의 마지막 결과를 얻는 것을 볼 수 있다. 그다음, index 1을 요청하면 one이 반환된다. 그다음, index 2를 요청하면 -v 매개변수를 통해 볼 수 있듯이 이 코드는 404 Not Found 오류를 정상적으로 반환한다.

GET과 POST 요청에 대해 모두 스택이 반환되는 이유는 다음 경로가 있는 경우 전달하도록 익스프레스에 지시하는 next()를 호출했기 때문이다. 이 예에서 use 메서드를 사용해 정의한 것이 경로이며, 모든 HTTP 메서드를 포착한다. 경로 정의에서는 순서가 중요하므로 마지막에 모두 포착하는 경로가 정의되었다.

보다시피 아주 빨리 복잡한 논리로 확장할 수 있다. 알아둘 점은 익스프레스가 HTTP 서비스를 아주 쉽게 만들 수 있게 도와주지만, 사실은 이미 사용 가능한 http와 https 모듈에 기반을 두는 개선된 레이어라는 점이다.

익스프레스는 여기에서 그치지 않고 미들웨어라는 모듈형 시스템을 통합하고 세션 처리, 템플릿, 캐싱, 보안 모듈 등을 처리하는 수백 개의 호환되는 모듈을 지원해 서비스를 더 빨리 만들 수 있게 도와준다.

이번에는 예제를 좀 더 복잡하게 만들어서 방금 한 말이 어떤 의미인지 직접 확인해보자. 먼저 사용할 미들웨어를 설치해야 한다.

```
npm i body-parser --save
```

이제 다음과 같이 코드를 수정한다.

```
let express = require("express");
let body    = require("body-parser");
let route   = express.Router();
let app     = express();
let stack   = [];

app.use(body.text({ type: "*/*" }));

route.post("/", (req, res, next) => {
    stack.push(req.body);

    return next();
});

route.delete("/", (req, res, next) => {
    stack.pop();

    return next();
});
```

```
route.get("/:index", (req, res) => {
    if (req.params.index >= 0 && req.params.index < stack.length) {
        return res.end("" + stack[req.params.index]);
    }
    res.status(404).end();
});

route.use((req, res) => {
    res.send(stack);
});

app.use("/stack", route);
app.listen(3000);
```

코드 행 수는 같지만, 두 가지 중요한 변경으로 코드를 개선했다.

- 이번에는 요청 본문을 직접 읽는 대신 여러 본문 유형과 압축을 지원하는 body-parser를 이용한다.

- 그리고 express.Route를 만들고 마지막에서 두 번째 행에서 이를 서비스에 연결한다. 이렇게 하면 경로 정의를 별도의 파일로 옮겨서 URL에 대해 독립적으로 만들 수 있다(연결할 때 /stack을 한 번만 지정했다는 것을 참고).

마이크로(Micro)

다음은 마이크로라는 재미있는 도구를 살펴보자. 이 모듈은 잘 알려진 Node.js 개발자 그룹인 ZEIT에서 개발했으며, 작고 빠른 마이크로서비스를 개발하기 위한 최소 기능 기반의 프레임워크로 설계됐다.

첫 번째 예제를 반복해보자. 설치하려면 폴더를 만든 후 다음 명령을 실행한다.

```
npm init -y
npm install --save micro
```

이제 app.js라는 파일을 만들고 다음과 같이 코드를 입력한다.

```
module.exports = (req, res) => {
    res.end("Hello World");
};
```

package.json 파일에서 scripts 속성을 다음과 같이 변경한다.

```
"scripts": {
    "start": "micro"
},
```

이제 다음과 같이 실행한다.

```
npm start
```

그러면 다음과 비슷하게 마이크로가 기본 포트 3000에서 실행 중이라는 정보가 표시된다.

```
micro: Accepting connections on port 3000
```

이제 브라우저에서 새로 고침을 선택하면 이전과 같은 페이지를 볼 수 있는데, 전과 다른 점은 이번에는 단 세 줄의 코드와 약간의 구성을 사용한다는 점이다.

이와 같이 마이크로는 상당히 최소 기능 기반이다. 아주 슬림한 마이크로서비스를 작성할 수 있게 해주는 것 외의 다른 기능은 없으므로 필요한 다른 모든 의존성을 선언하고 설치해야 한다. 이러한 특징은 2.3MB 분량의 의존성이 필요한 첫 번째 예제와는 다르게 부담이 없다는 점에서 상당히 편리할 수 있다.

세네카(Seneca)

이번에는 완전히 다른 접근법을 사용하는 세네카라는 프레임워크를 살펴보자. 이 프레임워크는 메시지 기반 마이크로서비스의 개발을 지원하도록 설계됐으며, 두 가지 고유한 특징이 있다.

- **전송 방식에 종속되지 않음**: 통신과 메시지 전송 방식이 서비스 논리로부터 분리돼 있으며 전송 방식을 쉽게 교체할 수 있다.
- **패턴 일치**: 메시지가 JSON 객체이며, 각 함수가 처리할 수 있는 메시지의 종류를 객체 속성을 통해 노출한다.

전송 방식을 변경할 수 있다는 것은 대단한 장점은 아니며, 이런 기능이 있는 도구가 많다. 이 프레임워크의 흥미로운 특징은 객체 패턴을 바탕으로 함수를 노출할 수 있다는 것이다. 세네카를 설치하는 것부터 시작해보자.

```
npm install seneca
```

일단 전송에 대해서는 나중에 알아보기로 하고, 한 파일 안에 생산자와 소비자를 만든다. 예제는 다음과 같다.

```
const seneca  = require("seneca");
const service = seneca();

service.add({ math: "sum" }, (msg, next) => {
   next(null, {
      sum : msg.values.reduce((total, value) => (total + value), 0)
   });
});

service.act({ math: "sum", values: [ 1, 2, 3 ] }, (err, msg) => {
   if (err) return console.error(err);

   console.log("sum = %s", msg.sum);
});
```

이 예제에서는 배울 부분이 많다. 처음 부분은 seneca 모듈을 가져오고 새로운 서비스를 만드는 부분이며 이해하기 쉽다.

그다음, math가 sum인 객체와 일치하는 생산자 함수를 노출한다. 즉, math 속성이 sum인 서비스에 대한 모든 요청 객체가 이 함수로 전달된다. 이 함수는 두 개의 인수를 받는다. 첫 번째 인수 msg는 요청 객체(math 속성이 있는 객체 및 이 객체가 가질 수 있는 다른 모든 항목)다. 두 번째 인수 next는 종료 또는 오류가 발생할 때 호출할 콜백이다. 이 예제는 values 리스트를 가지는 객체가 필요하며 배열에서 제공되는 reduce 메서드를 사용해 모든 값의 합을 반환한다.

마지막으로 생산자를 소비할 act를 호출한다. math 가 sum이고 values 리스트를 가지는 객체를 전달했다. 그러면 생산자가 호출되고 합을 반환한다.

이 코드를 app.js에 작성하고 명령줄에서 실행하면 다음과 같은 결과를 볼 수 있다.

```
$ node app
sum = 6
```

앞의 스택 예제를 반복해보자. 이번에는 코드에 소비자와 생산자를 작성하지 않고 앞서 했던 것과 비슷하게 curl을 소비자로 사용한다.

먼저 service를 만들어야 한다. 이를 위해, 앞서 살펴본 것처럼 세네카를 로드하고 인스턴스를 생성한다.

```
const seneca  = require("seneca");
const service = seneca({ log: "silent" });
```

여기에서는 로깅에 신경 쓰지 않도록 명시적으로 지정한다. 다음은 스택을 보관할 변수를 만든다.

```
const stack = [];
```

그다음, 생산자를 만든다. 여기에서는 요소를 스택에 추가하고(push), 스택에서 마지막 요소를 제거하며(pop), 스택을 확인하는(get) 세 개의 생산자를 만들어야 한다. push와 pop은 모두 마지막 스택 결과를 반환한다. 세 번째 생산자는 별도의 작업을 수행하지 않고 스택을 볼 수 있게 해주는 헬퍼 함수다.

요소를 스택에 추가하려면 다음과 같이 정의한다.

```
service.add("stack:push,value:*", (msg, next) => {
    stack.push(msg.value);

    next(null, stack);
});
```

여기에는 몇 가지 새로운 내용이 있다.

- 우선 패턴을 객체 대신 문자열로 정의했는데, 이 작업 문자열은 확장된 객체 정의에 대한 지름길이다.

- 값이 필요하다는 것을 명시적으로 지정했다.

- 값이 무엇인지는 신경 쓰지 않는다고 지정했다(이것이 패턴 일치라는 것을 기억하자).

다음은 stack의 마지막 요소를 제거하는 간단한 함수를 정의한다.

```
service.add("stack:pop", (msg, next) => {
    stack.pop();
```

```
    next(null, stack);
  });
```

이 함수는 값을 얻지 않고 단순하게 마지막 요소를 제거하므로 더 간단하다. 스택이 이미 비어 있는 경우는 따로 처리하지 않는다. 배열이 비어 있어도 예외가 발생하지는 않지만, 실제 시나리오에서는 다른 조치가 필요하다.

세 번째 함수는 다음과 같이 stack에서 값을 반환하며 더 간단하다.

```
service.add("stack:get", (msg, next) => {
    next(null, stack);
  });
```

마지막으로 메시지를 수신하도록 service에 지시한다. 기본 전송 프로토콜은 HTTP이며, 이전 예제와 마찬가지로 포트 3000을 지정했다.

```
  service.listen(3000);
```

이 코드를 모두 한 파일에 입력하고 결과를 보자. curl을 이용해도 되고 브라우저에서 바로 확인해도 된다. 이 경우 세네카는 HTTP 메서드를 구분하지 않는다. 먼저 stack을 확인해보자. URL은 수행하려고 하는 작업(/act)을 설명하며, 쿼리 매개변수는 패턴으로 변환된다.

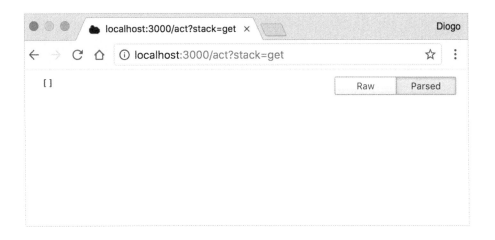

값 one을 stack에 추가하고 결과 stack을 확인한다.

두 번째 값 two를 추가하고 stack이 커지는 것을 확인한다.

마지막 요소를 제거하면 반대로 stack이 작아진다.

익스프레스와 마찬가지로 세네카도 설치하고 사용할 수 있는 미들웨어가 있다. 이 경우에는 미들웨어를 플러그인이라고 한다. 기본적으로 세네카는 전송 방식을 위한 몇 가지 핵심 플러그인을 제공하며, HTTP와 TCP 전송 방식을 지원한다. 이밖에도 **AMQP(어드밴스드 메시지 큐잉 프로토콜)** 및 레디스와 같은 다른 전송 방식도 사용할 수 있다.

지속적 데이터를 위한 저장소 플러그인도 있으며, 관계형 및 비관계형 데이터베이스 서버도 여러 가지를 지원한다. 세네카는 데이터 엔티티를 관리하기 위한 **ORM(객체 관계 매핑)**과 비슷한 인터페이스를 노출한다. 개발 과정에서는 엔티티를 조작하고 간단한 저장소를 사용하다가 나중에 실무 저장소로 이동할 수 있다. 더 복잡한 예제를 확인해보자.

```javascript
const async    = require("async");
const seneca   = require("seneca");
const service  = seneca();

service.use("basic");
service.use("entity");
service.use("jsonfile-store", { folder : "data" });

const stack = service.make$("stack");

stack.load$((err) => {
  if (err) throw err;

  service.add("stack:push,value:*", (msg, next) => {
    stack.make$().save$({ value: msg.value }, (err) => {
      return next(err, { value: msg.value });
    });
  });

  service.add("stack:pop,value:*", (msg, next) => {
    stack.list$({ value: msg.value }, (err, items) => {
      async.each(items, (item, next) => {
        item.remove$(next);
      }, (err) => {
        if (err) return next(err);
```

```
        return next(err, { remove: items.length });
      });
    });
  });

  service.add("stack:get", (msg, next) => {
    stack.list$((err, items) => {
      if (err) return next(err);

      return next(null, items.map((item) => (item.value)));
    });
  });

  service.listen(3000);
});
```

이 새로운 코드를 실행하고 몇 가지 요청을 수행해 코드가 작동하는 방법을 확인해보자. 먼저, 요청을 수행하고 현재 stack을 확인한다.

아직 다른 점은 없다. 다음으로 값 one을 stack에 추가한다.

아직 결과 stack이 표시되지는 않는다. 이번에는 추가한 정확한 항목을 반환하도록 서비스를 변경했기 때문인데, 이 방법이 방금 수행한 작업을 확인하는 데는 더 좋다. 다른 값을 추가한다.

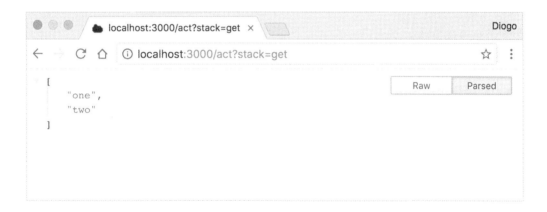

이번에도 방금 추가한 값이 표시된다. 이제 스택을 확인한다.

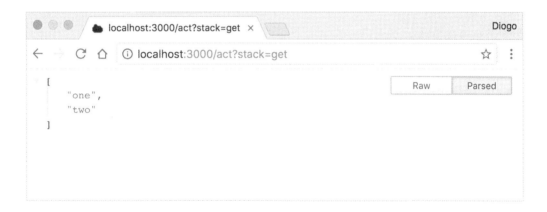

앞서 stack에 추가한 두 값이 들어 있다. 이제 이전 코드와 다른 중요한 차이점이 나온다. 여기에서는 세네카가 노출하는 API인 *entities*를 사용한다. 이 API는 ORM(또는 루비에 익숙하다면 ActiveRecord)과 비슷한 단순 추상 레이어를 사용해 데이터 객체를 저장 및 조작한다.

새로운 코드에서는 마지막 값이 아니라 지정한 값을 제거한다. 즉, 값 one을 two 대신 제거한다.

성공이다! 정확하게 한 항목을 제거했다. 이 코드는 값과 일치하는 모든 항목을 stack에서 제거한다(중복 확인이 없으므로 반복 항목이 있을 수 있다). 같은 항목을 다시 제거한다.

이번에는 one과 일치하는 항목이 없으므로 항목이 제거되지 않는다. 이제 stack을 확인하면 값 two가 아직 있는 것을 볼 수 있다.

정확하다! 또한 이제는 코드를 중단하고 재시작해도 스택에 값 two가 그대로 들어 있는데, 이것은 JSON 파일 저장 플러그인을 사용하기 때문이다.

 크롬이나 다른 브라우저의 경우 사용자가 입력하는 동안 브라우저가 먼저 요청하는 경우가 있다는 것을 알아두자. 동 일한 URL 주소를 가진 첫 번째 코드를 먼저 테스트했기 때문에 브라우저가 요청을 복제하여 복제된 값이 있는 스택 을 전달하는 경우가 있다.

히드라(Hydra)

익스프레스에 대해 다시 이야기해보자. 앞서 살펴본 것처럼 익스프레스는 http 모듈에 기반을 두는 매우 견고한 레이어다. 다만, 원시 모듈에 중요한 기반 레이어를 추가하더라도 여전히 유용한 마이크로서비스 를 만드는 데 필요한 기능이 결여돼 있다.

익스프레스를 확장하기 위한 플러그인이 많기 때문에 사용할 유용한 플러그인의 목록을 만들기가 쉽지 않다.

목록을 만든 후에도 다른 결정을 내려야 한다.

- 여러 인스턴스와 함께 서비스를 분산하는 방법

- 서비스를 검색하는 방법

- 서비스가 올바르게 실행되는지 모니터링하는 방법

이를 위해 분산 마이크로서비스 구축을 도와주는 히드라(Hydra)를 사용할 수 있다. 히드라는 익스프레 스의 강점을 활용하며 마이크로서비스를 작성하거나 마이크로서비스와 통신하는 작업을 도와준다.

기본적으로 다음과 같은 기능을 제공한다.

- 서비스 등록과 서비스 검색을 수행하여 마이크로서비스가 검색하거나 검색될 수 있게 해준다.

- 마이크로서비스와 통신하고, 여러 인스턴스 간의 통신 부하를 분산하며, 오류가 발생한 인스턴스를 처리하여 자동으 로 다른 실행 인스턴스로 요청을 다시 라우팅한다.

- 인스턴스를 모니터링하고 마이크로서비스가 사용 가능하며 정상 작동하는지 확인한다.

히드라를 사용하려면 지금까지 살펴본 다른 모듈과는 다르게 npm으로 곧바로 설치할 수 없는 레디스 (Redis)라는 의존성이 필요하다. 더 진행하기 전에 레디스 웹 사이트 https://redis.io/에서 자세한 내용을 알아보고 사용 운영 체제에 맞는 버전을 설치하자. macOS에서 홈브루를 사용하는 경우 다음과 같이 redis를 설치한다.

```
● ● ●                        1. nazgul.home: /Users/dresende (bash)
~ > brew install redis
==> Downloading https://homebrew.bintray.com/bottles/redis-4.0.6.high_sierra.bottle.tar.gz
Already downloaded: /Users/dresende/Library/Caches/Homebrew/redis-4.0.6.high_sierra.bottle.tar.gz
==> Pouring redis-4.0.6.high_sierra.bottle.tar.gz
==> Caveats
To have launchd start redis now and restart at login:
  brew services start redis
Or, if you don't want/need a background service you can just run:
  redis-server /usr/local/etc/redis.conf
==> Summary
🍺 /usr/local/Cellar/redis/4.0.6: 13 files, 2.8MB
~ >
```

다음과 같이 redis가 정상적으로 시작됐는지 확인할 수 있다.

```
● ● ●                        1. nazgul.home: /Users/dresende (bash)
~ > brew services start redis
==> Successfully started `redis` (label: homebrew.mxcl.redis)
~ >
```

그다음, 히드라 명령줄 도구를 설치해야 한다.

```
sudo npm install -g yo generator-fwsp-hydra hydra-cli
```

다음은 레디스로 연결을 설정해야 하는데, 이를 위해 구성을 만들어야 한다. 명령을 입력하고 표시되는 지침을 따른다. 로컬에 설치한 경우(또는 앞의 지침을 사용한 경우) 다음 스크린샷과 비슷하게 진행해야 한다.

```
● ● ●                        1. nazgul.home: /Users/dresende (bash)
~ > hydra-cli config local
redisUrl: 127.0.0.1
redisPort: 6379
redisDb: 15
~ >
```

이제, 작업 흐름을 살펴보기 위해 아주 간단한 마이크로서비스를 만들어 보자. 히드라에는 yeoman이라는 스캐폴딩(scaffolding) 도구가 있다. 서비스를 만들려면 다음 명령을 입력하고 표시되는 지침을 따른다.

```
1. nazgul.home: /Users/dresende (bash)
~ > yo fwsp-hydra
fwsp-hydra generator v0.3.1    yeoman-generator v2.0.2    yo v2.0.0
? Name of the service (`-service` will be appended automatically) hello
? Your full name?
? Your email address?
? Your organization or username? (used to tag docker images)
? Host the service runs on?
? Port the service runs on? 0
? What does this service do?
? Does this service need auth? No
? Is this a hydra-express service? Yes
? Set up a view engine? No
? Set up logging? No
? Enable CORS on serverResponses? No
? Run npm install? No
   create hello-service/specs/test.js
   create hello-service/specs/helpers/chai.js
   create hello-service/.editorconfig
   create hello-service/.eslintrc
   create hello-service/.gitattributes
   create hello-service/.nvmrc
   create hello-service/.gitignore
   create hello-service/package.json
   create hello-service/README.md
   create hello-service/hello-service.js
   create hello-service/config/sample-config.json
   create hello-service/config/config.json
   create hello-service/scripts/docker.js
   create hello-service/routes/hello-v1-routes.js

Done!
'cd hello-service' then 'npm install' and 'npm start'
~ >
```

서비스의 이름에는 간단하게 hello를 지정한다. 나머지 질문에는 *Enter*를 눌러서 기본값을 사용한다. 마지막에는 생성된 폴더로 이동하고 의존성을 설치한다.

```
1. nazgul.home: /Users/dresende/hello-service (bash)
~ > cd hello-service/
~/hello-service > npm i
added 338 packages in 6.56s
~/hello-service > _
```

이제 서비스를 시작할 준비가 됐다. 서비스를 스캐폴딩할 때 명령을 이미 봤을 수 있다. 서비스를 시작해 보자.

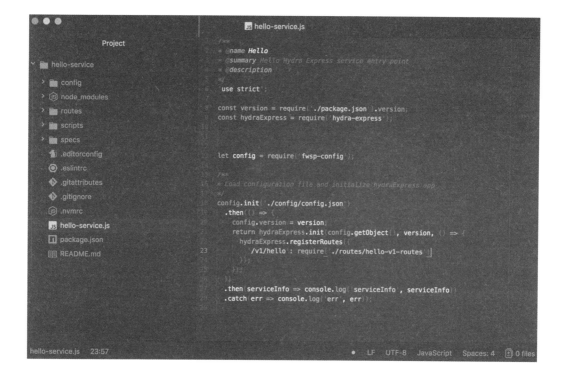

앞의 스크린샷에 나온 것처럼 서비스가 시작되고 로컬 IP(192.168.1.108)와 포트(45394)에 연결된다. 코드 에디터에서 hello-service 폴더를 연다.

베이스 폴더에 hello-service.js 파일이 있고 그 안에 서비스 경로가 있다. routes/hello-v1-routes.js의 다른 파일을 가리키는 /v1/hello 경로를 찾을 수 있을 것이다.

이 파일 안에서는 해당 경로에 대한 응답을 볼 수 있다. 이제 웹 브라우저로 이동해서 제대로 작동하는지 확인한다.

```
{
    "statusCode": 200,
    "statusMessage": "OK",
    "statusDescription": "Request succeeded without error",
    "result": {
        "greeting": "Welcome to Hydra Express!"
    }
}
```

파일에서 본 내용은 JSON 응답의 result 속성 안에 있다. 이것으로 코드를 전혀 작성하지 않고 첫 번째 히드라 마이크로서비스를 배포하는 방법을 알아봤다!

요약

지금까지 마이크로서비스 개발을 도와주는 다양한 모듈과 도구 키트에 대해 알아봤다. 작고 간단한 마이크로, 세네카의 패턴 활용, 히드라의 번들까지 다양한 접근법을 선택할 수 있다.

이들은 모두 서로 다른 개발자와 다른 필요성을 위해 개발됐다. 각자에게 맞는 선택을 할 수 있도록 곧바로 하나를 선택하기보다는 몇 가지를 직접 사용해보기를 권장한다.

이러한 도구 중 일부를 자세히 살펴보고 더 복잡한 마이크로서비스를 작성해보자. 3장에서는 완전히 작동하는 분산 마이크로서비스를 직접 개발하면서 다양한 사용 사례를 다룬다.

마이크로서비스 구축

지금까지 몇 가지 도구를 사용해 간단한 마이크로서비스를 구축하는 예제를 살펴봤다. 이번 장에서는 이러한 도구를 사용해 마이크로서비스를 처음부터 만드는 과정을 살펴본다. 이를 위해 먼저 익스프레스를 사용한 다음, 이를 히드라를 사용해 리팩터링하고 마지막으로 세네카를 사용해 마이크로서비스를 만든다.

작성할 수 있는 마이크로서비스는 많지만, 그중에서도 여러 애플리케이션에서 사용할 수 있는 마이크로서비스가 더 흥미롭고 유용하다.

여기에서는 이미지 프로세싱 마이크로서비스를 만든다. 먼저 간단한 썸네일 서비스로 시작한 다음, 몇 가지 이미지 변환을 추가한다. 다음과 같은 내용을 다룬다.

- 익스프레스를 사용한 마이크로서비스 구축

- 외부 모듈을 사용한 이미지 조작

- 히드라와 세네카로 이전 마이크로서비스 구축

마이크로서비스의 이름은 정체성을 나타내므로 중요하다. 이 마이크로서비스는 이미지라는 의미의 라틴어 *imagini*를 이름으로 지정한다.

익스프레스 사용

앞서 살펴봤듯이 익스프레스는 기본 Node.js HTTP 모듈을 바탕으로 아주 간단하지만 유용한 레이어를 제공한다. 빈 폴더를 만들고 package.json 파일을 초기화한 다음, 익스프레스를 설치한다.

```
●  ●  ●                          1. nazgul.home: /Users/dresende/imagini (bash)

~/imagini > npm init -y
Wrote to /Users/dresende/imagini/package.json:

{
  "name": "imagini",
  "version": "1.0.0",
  "description": "",
  "main": "index.js",
  "scripts": {
    "test": "echo \"Error: no test specified\" && exit 1"
  },
  "keywords": [],
  "author": "",
  "license": "ISC"
}


~/imagini > npm install express --save
npm WARN imagini@1.0.0 No description
npm WARN imagini@1.0.0 No repository field.

+ express@4.16.2
added 49 packages in 2.297s
~/imagini > _
```

이미지를 조작하는 작업에 도움을 받기 위해 최신 웹을 위한 아주 빠른 이미지 조작 도구인 sharp 모듈을 사용한다. 이 모듈을 사용하면 간단한 직렬 인터페이스로 이미지 변환 및 크기 변경을 쉽게 처리할 수 있다. 먼저 다음과 같이 설치한다.

```
●  ●  ●                          1. nazgul.home: /Users/dresende/imagini (bash)
~/imagini > npm install sharp --save

> sharp@0.19.0 install /Users/dresende/Documents/Pakt Pub/Node.js Microservices 2nd Edition/Chapter03/Express/node_modules/sharp
> node-gyp rebuild

  TOUCH Release/obj.target/libvips-cpp.stamp
  CXX(target) Release/obj.target/sharp/src/common.o
  CXX(target) Release/obj.target/sharp/src/metadata.o
  CXX(target) Release/obj.target/sharp/src/stats.o
  CXX(target) Release/obj.target/sharp/src/operations.o
  CXX(target) Release/obj.target/sharp/src/pipeline.o
  CXX(target) Release/obj.target/sharp/src/sharp.o
  CXX(target) Release/obj.target/sharp/src/utilities.o
  SOLINK_MODULE(target) Release/sharp.node
  TOUCH Release/obj.target/win_copy_dlls.stamp
npm WARN imagini@1.0.0 No description
npm WARN imagini@1.0.0 No repository field.

+ sharp@0.19.0
added 25 packages in 34.975s
~/imagini > _
```

썸네일을 반환할 주소를 노출하는 것으로 시작해보자. 먼저 기본 매개변수를 정의해야 한다. 나중에는 사용자가 기본값을 변경할 수 있게 할 것이다. 이 서비스는 포트 3000에서 실행되며 PNG와 JPEG 포맷의 썸네일 요청을 받는다. 서비스 코드는 다음과 같다.

```
const express = require("express");
const sharp   = require("sharp");
const app     = express();

app.get(/\/thumbnail\.(jpg|png)/, (req, res, next) => {
    let format    = (req.params[0] == "png" ? "png" : "jpeg");
    let width     = 300;
    let height    = 200;
    let border    = 5;
    let bgcolor   = "#fcfcfc"; let fgcolor = "#ddd";
    let textcolor = "#aaa";
    let textsize  = 24;
    let image     = sharp({
      create : {
          width    : width,
          height   : height,
          channels : 4,
          background : { r: 0, g: 0, b: 0 },
      }
    });

    const thumbnail = new Buffer(
`<svg width="${width}" height="${height}">
    <rect
        x="0" y="0"
        width="${width}" height="${height}"
        fill="${fgcolor}" />
    <rect
        x="${border}" y="${border}"
        width="${width - border * 2}" height="${height - border * 2}"
        fill="${bgcolor}" />
    <line
        x1="${border * 2}" y1="${border * 2}"
        x2="${width - border * 2}" y2="${height - border * 2}"
```

```
            stroke-width="${border}" stroke="${fgcolor}" />
        <line
            x1="${width - border * 2}" y1="${border * 2}"
            x2="${border * 2}" y2="${height - border * 2}"
            stroke-width="${border}" stroke="${fgcolor}" />
        <rect
            x="${border}" y="${(height - textsize) / 2}"
            width="${width - border * 2}" height="${textsize}"
            fill="${bgcolor}" />
        <text
            x="${width / 2}" y="${height / 2}" dy="8"
            font-family="Helvetica" font-size="${textsize}"
            fill="${textcolor}" text-anchor="middle">${width} x ${height}</text>
    </svg>`
    );


    image.overlayWith(thumbnail)[format]().pipe(res);
});


app.listen(3000, () => {
    console.log("ready");
});
```

먼저 express와 sharp 모듈에 대한 액세스를 얻고 익스프레스 애플리케이션을 초기화하는 것으로 작업을
시작한다.

```
const express = require("express");
const sharp   = require("sharp");
const app     = express();
```

그런 다음 주소 /thumbnail.png와 /thumbnail.jpg를 포착하는 정규식으로 이미지를 얻는 경로를 만든다.
사용자가 원하는 이미지 유형을 알아내는 데는 확장을 이용할 것이다. 이어서 크기나 색상을 지정하는
몇 가지 기본 매개변수를 정의한다.

```
let format    = (req.params[0] == "png" ? "png" : "jpeg");
let width     = 300;
let height    = 200;
let border    = 5;
let bgcolor   = "#fcfcfc";
let fgcolor   = "#ddd";
let textcolor = "#aaa";
let textsize  = 24;
```

그런 다음 sharp를 사용해 빈 이미지를 만든다.

```
let image = sharp({
    create : {
        width : width,
        height : height,
        channels : 4,
        background : { r: 0, g: 0, b: 0 },
    }
});
```

그런 다음 외각 테두리 색, 2개의 교차선, 가운데 텍스트, 그리고 이미지 크기를 지정하고 SVG 파일을 만든다. 그다음, SVG를 빈 이미지에 덮어씌우고 결과를 사용자에게 출력한다.

```
image.overlayWith(thumbnail)[format]().pipe(res);
```

마지막으로 서비스를 포트 3000에서 초기화한다.

```
app.listen(3000, () => {
    console.log("ready");
});
```

앞에 나온 전체 코드를 imagini.js 파일에 저장하고 콘솔에서 실행한다.

이제 웹 브라우저에서 웹 서비스의 주소를 입력하면 다음 그림과 비슷한 결과를 볼 수 있다.

이제 변경 사항을 추가해볼 수 있다. 우선 기본 매개변수를 다음과 같이 수정한다.

```
let width     = +req.query.width || 300;
let height    = +req.query.height || 200;
let border    = +req.query.border || 5;
let bgcolor   = req.query.bgcolor || "#fcfcfc";
let fgcolor   = req.query.fgcolor || "#ddd";
let textcolor = req.query.textcolor || "#aaa";
let textsize  = +req.query.textsize || 24;
```

 여기서 소개하는 코드는 보안상 위험하므로 예제 용도로만 사용한다. 보안에 대해서는 4장에서 다룬다.

서비스를 재시작하고 쿼리 매개변수를 조정하면서 결과를 확인한다. 다음 그림은 가로 500px, 테두리 2px, 전경색 녹청(cyan)을 사용한 결과다.

잘 작동하지만 동일한 빈 이미지를 보여주는 것이 전부이므로 아직 이 서비스는 유용하지 않다. 사용자가 업로드한 이미지로부터 썸네일을 생성하는 기능이 있다면 유용할 것이다. 직접 만들어보자.

이를 위해서는 다음과 같은 항목이 필요하다.

- 이미지 업로드 기능, 그리고 이미지를 저장할 위치
- 이미지가 존재하는지 확인하는 기능
- 이미지 썸네일 다운로드 기능

작업을 간소화하기 위해 특정 경로의 동적 경로를 만들고 HTTP 메서드(GET, POST, DELETE 등)를 사용해 작업을 구분한다. 이미지를 업로드할 때는 POST를 사용하고 본문에 이미지 데이터를 넣어야 한다. 이미지가 있는지 확인하는 데는 HEAD를 사용한다. 이미지 썸네일을 다운로드하는 데는 GET을 사용한다.

이미지 업로드

먼저 이미지 업로드를 처리할 경로를 추가해보자. 압축된 요청을 자동으로 처리하기 위해 body parser 모듈을 사용한다.

```
npm install body-parser --save
```

필요한 다른 모듈과 함께 이 모듈을 포함해야 한다. service 파일의 맨 위에 다음 코드를 추가한다.

```
const bodyparser = require("body-parser");
const path       = require("path");
const fs         = require("fs");
```

이제 업로드를 처리할 함수를 작성할 수 있다.

```
app.post("/uploads/:image", bodyparser.raw({
    limit : "10mb",
    type  : "image/*"
}), (req, res) => {
    let image = req.params.image.toLowerCase();

    if (!image.match(/\.(png|jpg)$/)) {
        return res.status(403).end();
    }

    let len = req.body.length;
    let fd = fs.createWriteStream(path.join(__dirname, "uploads", image), {
        flags : "w+",
        encoding : "binary"
    });

    fd.write(req.body);
    fd.end();

    fd.on("close", () => {
        res.send({ status : "ok", size: len });
    });
});
```

이 코드에서는 /uploads 경로상에 HTTP POST를 예상하며 최대 크기 10MB의 이미지를 받는다. 코드를 자세하게 분석해보자.

```
let image = req.params.image.toLowerCase();

if (!image.match(/\.(png|jpg)$/)) {
    return res.status(403).end();
}
```

먼저 전달된 이미지 이름이 .png나 .jpg로 끝나는지 확인한다. 그렇지 않은 경우, 이러한 두 가지 이미지 포맷만 지원할 수 있으므로 **사용할 수 없음**을 의미하는 HTTP 403 응답 코드로 응답한다.

```
let len = req.body.length;
let fd = fs.createWriteStream(path.join(__dirname, "uploads", image), {
    flags    : "w+",
    encoding : "binary"
});
```

그다음은 이미지를 저장할 로컬 파일에 대한 스트림을 만든다. 파일의 이름은 이미지의 이름이 된다. 저장이 끝나면 사용자에게 반환할 수 있도록 이미지 크기도 저장한다. 이렇게 하면 마이크로서비스 사용자가 모든 데이터를 수신했는지 확인할 수 있다.

```
fd.write(req.body);
fd.end();

fd.on("close", () => {
    res.send({ status : "ok", size: len });
});
```

마지막으로 이미지를 파일에 기록하고 스트림을 잘 닫은 후, 상태와 크기 속성을 포함하는 JSON 응답으로 사용자에게 응답한다.

microservice 폴더 안에 uploads 폴더를 만들고 service를 재시작한다. 서비스를 테스트하는 데는 curl을 계속 사용한다. 테스트용 이미지가 필요한데, 필자는 구글에서 이미지를 찾아서 로컬에 저장했다. 이미지를 서비스로 업로드하는 데는 다음 명령을 사용한다.

```
curl -X POST -H 'Content-Type: image/png' \
  --data-binary @example.png \
  http://localhost:3000/uploads/example.png
```

이 명령은 다음과 같이 curl에 지시한다.

- POST 요청을 전송한다.

- Content-Type 헤더를 PNG 이미지로 정의한다.

- 다운로드한 example.png 파일의 내용을 요청 본문에 추가한다.

- 마이크로서비스의 /upload/example.png 경로로 요청을 전송한다.

명령을 실행하면 JSON 응답 하나를 수신한다. 크기가 파일과 일치한다.

```
{ "status" : "ok", "size" : 55543 }
```

아직 마이크로서비스에서 이미지를 볼 수는 없지만, 로컬에서 확인할 수 있다. uploads 폴더에 파일의 복
사본이 있는 것을 알 수 있다. 필자가 사용한 이미지는 다음과 같다.

폴더에 이미지가 있는지 확인

다음은 uploads 폴더에 이미지가 있는지 경로를 확인할 차례다. 이를 위해 HEAD 동사를 사용한다.
HEAD는 GET 요청과 비슷하지만, 본문(콘텐츠)이 없으며 경로에서 정보(헤더)를 요청하는 데 사용
된다.

```
app.head("/uploads/:image", (req, res) => {
    fs.access(
        path.join(__dirname, "uploads", req.params.image),
        fs.constants.R_OK ,
        (err) => {
            res.status(err ? 404 : 200);
            res.end();
        }
    );
});
```

여기에서도 비슷한 경로를 찾지만, 이번에는 HEAD 요청만 처리하며 현재 프로세스에 로컬 파일에 대한 읽기 액세스가 있는지에 대한 간단한 검사를 한다.

```
fs.access(path, mode, callback);
```

로컬 파일이 있는 경우에는 HTTP 응답 코드 200(찾음)으로 응답한다. 로컬 파일이 없는 경우에는 HTTP 응답 코드 404(찾을 수 없음)로 응답한다.

```
res.status(err ? 404 : 200);
```

이전 코드를 추가하고 서비스를 재시작한다.

curl을 사용해 이전에 업로드한 파일을 확인하면 다음과 비슷한 결과를 받는다.

```
curl --head 'http://localhost:3000/uploads/example.png'

HTTP/1.1 200 OK
X-Powered-By: Express
Content-Length: 0
Connection: keep-alive
```

경로를 조금 다르게 변경하면 다음과 비슷한 결과를 받는다.

```
curl --head 'http://localhost:3000/uploads/other.png'
```

```
HTTP/1.1 404 Not Found
X-Powered-By: Express
Connection: keep-alive
```

이미지 다운로드

지금까지 파일을 업로드한 후 파일이 서버에 있는지 확인하는 방법을 알아봤다. 이제 파일을 다운로드할 수 있다. 이번에는 파일을 다운로드하는 경로를 만들 차례다. 이전에 만든 HEAD 경로와 비슷하지만, GET 동사를 사용한다. 다음 코드는 이러한 경로를 구현하는 방법을 보여준다.

```
app.get("/uploads/:image", (req, res) => {
    let ext = path.extname(req.params.image);

    if (!ext.match(/^\.(png|jpg)$/)) {
        return res.status(404).end()
    }

    let fd = fs.createReadStream(path.join(__dirname, "uploads", req.params.image));

    fd.on("error", (e) => {
        if (e.code == "ENOENT") {
            return res.status(404).end()
        }

        res.status(500).end();
    });

    res.setHeader("Content-Type", "image/" + ext.substr(1));

    fd.pipe(res);
});
```

먼저 이미지 확장자를 확인한다.

```
let ext = path.extname(req.params.image);
```

확장자가 .png 또는 .jpg가 아닌 경우, 즉시 HTTP 응답 코드 404(찾을 수 없음)를 반환한다.

```
if (!ext.match(/^\.(png|jpg)$/)) {
    return res.status(404).end();
}
```

확장자가 확인되면 이미지 파일 경로에 대한 읽기 스트림을 만든다.

```
let fd = fs.createReadStream(path.join(__dirname, "uploads", req.params.image));
```

그다음은 로컬 파일을 읽을 때 오류를 포착할 오류 처리기를 연결한다. 오류 코드가 ENOENT이면 파일이 존재하지 않는 것이므로 HTTP 응답 코드 404를 반환한다. 그 밖의 다른 오류 코드에 대해서는 HTTP 응답 코드 500(내부 서버 오류)을 반환한다.

```
fd.on("error", (e) => {
    if (e.code == "ENOENT") {
        return res.status(404).end()
    }

    res.status(500).end();
});
```

응답 코드 500을 반환할지 말지는 여러분이 결정할 일이다. 항상 응답 코드 404를 반환하고 오류의 종류를 사용자에게 알리지 않는 것을 선호할 수도 있다. 사용자가 여러분의 마이크로서비스를 이해하고 사용하는 방법을 감안해 결정한다.

우리가 전송할 이미지 형식을 식별하기 위해 이전에 저장한 확장자를 사용해 사용자에게 반환되는 콘텐츠 형식을 설정했다. 콘텐츠 형식은 (마침표 없이) 이미지/확장자 형식이어야 한다.

```
res.setHeader("Content-Type", "image/" + ext.substr(1));
```

마지막으로 파일 내용을 응답으로 파이프한다. 이 코드는 파일 스트림에서 읽기를 트리거하고 응답으로 기록하는 헬퍼 메서드이며, 전체 파일을 읽은 후에는 응답이 자동으로 종료된다.

```
fd.pipe(res);
```

결과를 확인해보자. 서비스를 재시작하고 웹 브라우저에서 연다. 이전에 업로드한 이미지를 지정하면 그 복사본을 응답으로 받는다.

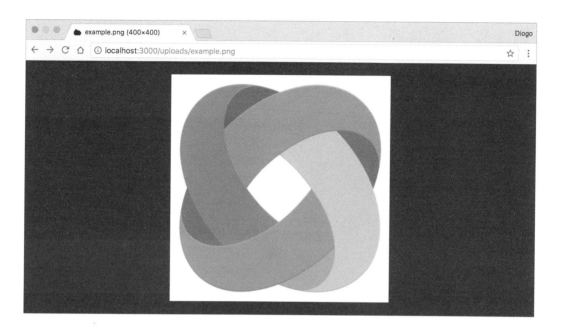

아직 업로드하지 않은 다른 항목으로 경로를 변경하면 HTTP ERROR 404가 반환된다.

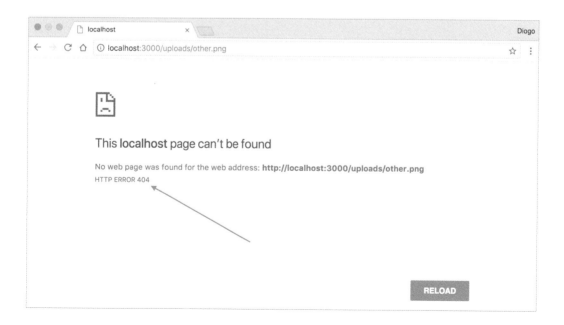

이 오류 화면은 보기에 좋지 않다. 오류 처리기를 변경하여 요청이 HTML 콘텐츠를 받을 수 있는지 확인한 후 맞춤형 메시지를 반환할 수 있다.

```
fd.on("error", (e) => {
    if (e.code == "ENOENT") {
        res.status(404);

        if (req.accepts('html')) {
            res.setHeader("Content-Type", "text/html");

            res.write("<strong>Error:</strong> image not found");
        }

        return res.end();
    }

    res.status(500).end();
});
```

이제 좀 더 보기 좋은 오류 응답이 반환된다.

익스프레스에 익숙하다면 렌더 엔진을 사용해 맞춤형 오류 템플릿을 정의할 수 있으며, 보기 좋은 오류 페이지를 생성하는 핸들러 모듈을 알아볼 수도 있다.

경로 매개변수 사용

지금까지 꽤 많은 코드를 작성했는데, 이제 잠시 작성한 코드를 돌아보자. 앞서 작성한 코드에는 최적화할 수 있는 부분이 많이 있다. 먼저 경로 매개변수(route parameter)라고 하는 익스프레스의 멋진 기능을 사용해보자. 이 기능을 사용하면 매개변수를 사용하는 모든 경로를 사전 처리하여 해당 매개변수가 유효한지 확인하거나 데이터베이스 또는 다른 서버에서 추가 정보를 가져오는 등의 작업을 할 수 있다.

지금은 이미지 이름의 유효성을 확인하는 데 사용해보자.

```
app.param("image", (req, res, next, image) => {
   if (!image.match(/\.(png|jpg)$/i)) {
      return res.status(req.method == "POST" ? 403 : 404).end();
   }

   req.image    = image;
   req.localpath = path.join(__dirname, "uploads", req.image);

   return next();
});
```

이름이 PNG 또는 JPG와 일치하는지 확인하고 일치하지 않으면 403(POST 요청의 경우) 또는 404 오류 코드(다른 요청의 경우)로 응답한다. 이름이 일치하는 경우 이름과 예상되는 로컬 경로를 요청 객체에 저장하고 나중에 사용할 수 있게 한다.

이제 경로를 다시 작성할 수 있다. 업로드 경로부터 시작해보자.

```
app.post("/uploads/:image", bodyparser.raw({
   limit : "10mb",
   type  : "image/*"
}), (req, res) => {
   let fd = fs.createWriteStream(req.localpath, {
      flags    : "w+",
      encoding : "binary"
   });

   fd.end(req.body);
```

```
    fd.on("close", () => {
        res.send({ status : "ok", size: req.body.length });
    });
});
```

매개변수를 미리 검사했으므로 처음 검사 코드가 완전히 제거됐다. 또한 이제 req.localpath를 사용할
수 있다. 또한 불필요한 변수 할당(len)을 제거하고 .write() 대신 간단히 .end()를 사용해 코드를 최적
화했다.

```
app.head("/uploads/:image", (req, res) => {
    fs.access(req.localpath, fs.constants.R_OK , (err) => {
        res.status(err ? 404 : 200).end();
    });
});
```

이미지 검사 경로는 이전과 거의 동일하다. 이 경로에는 별도의 보안 기능이 없으므로 자동 사전 유효성
검사를 사용했다. 실무 코드로 사용하기에는 많이 부족하지만, 예제로는 충분하다.

```
app.get("/uploads/:image", (req, res) => {
    let fd = fs.createReadStream(req.localpath);

    fd.on("error", (e) => {
        res.status(e.code == "ENOENT" ? 404 : 500).end();
    });

    res.setHeader("Content-Type", "image/" +
        path.extname(req.image).substr(1));
    fd.pipe(res);
});
```

이미지 다운로드 경로는 약간 작아졌다. 이 서비스는 사용자가 아닌 다른 서비스와 프로그램에서 사용될
가능성이 높으므로, 코드를 깔끔하게 유지하기 위해 오류 코드를 모두 제거했다.

이러한 변경으로 이미지 매개변수 검사를 한곳으로 모아서 처리했다. 조금 더 엄격하게 하려면 이름에
특수 문자가 있는지 확인하여 악성 사용자가 로컬 업로드 폴더 외의 다른 위치에서 파일을 가져오지 못
하게 할 수 있다. 이 작업은 4장에서 다룬다.

썸네일 생성

지금까지 업로드와 다운로드 경로를 만들었지만, 우리가 만든 경로는 이미지를 로컬에 저장하는 것 말고는 특별한 일을 하지 않는다. 썸네일 경로를 처음 시작하는 단계로서, 원하는 이미지 크기를 알 수 있게 다운로드 경로를 수정해보자.

```
app.param("width", (req, res, next, width) => {
   req.width = +width;

   return next();
});

app.param("height", (req, res, next, height) => {
   req.height = +height;

   return next();
});
```

먼저 두 매개변수 width와 height를 추가한다. 이 두 매개변수는 숫자이므로 숫자 형식으로 형변환하고 요청 객체에 저장할 수 있다고 가정한다.

크기를 지정할 수 있어야 하므로 앞서 소개한 경로 매개변수를 사용해 다른 경로를 만들어야 한다. 코드를 간결하게 유지하기 위해 이미지를 다운로드하고 비슷한 코드를 반복할 필요가 없게 해주는 함수를 작성해보자. 이 함수는 선택적인 크기 변경을 처리할 수 있다.

```
function download_image(req, res) {
   fs.access(req.localpath, fs.constants.R_OK , (err) => {
      if (err) return res.status(404).end();

      let image = sharp(req.localpath);

      if (req.width && req.height) {
         image.ignoreAspectRatio();
      }

      if (req.width || req.height) {
         image.resize(req.width, req.height);
      }
```

```
        res.setHeader("Content-Type", "image/" +
        path.extname(req.image).substr(1));

        image.pipe(res);
    });
}
```

이 함수는 먼저 이미지가 있는지 확인하고 이미지가 없을 때 sharp 모듈에서 오류가 발생하는 것을 예방한다. 그러고 나서 로컬 경로를 전달하여 이미지 프로세싱을 초기화하며 한 가지 흥미로운 작업을 한다.

```
if (req.width && req.height) {
    image.ignoreAspectRatio();
}
```

이 코드는 width와 height가 모두 지정된 경우, 이미지의 종횡비를 무시하고 크기를 변경하도록 sharp에 지시한다. 그렇지 않으면 종횡비를 유지하고, 최종 크기 중앙에 이미지가 배치된다. 이러한 처음 세 라인을 주석으로 지정하면 차이를 확인할 수 있다.

```
if (req.width || req.height) {
    image.resize(req.width, req.height);
}
```

그다음 width 또는 height 매개변수 중 하나를 받은 경우 이미지 크기를 변경한다. 매개변수가 하나만 있어도 크기를 변경할 수 있다. sharp 모듈은 두 매개변수 중 하나가 정의되지 않은 경우, 종횡비를 유지하며 한 매개변수를 기준으로 크기를 변경할 수 있다.

그다음은 이전과 마찬가지로 콘텐츠 형식 응답 헤더를 설정하고 이미지를 사용자에게 전송한다. 이제 이 함수를 위한 여러 경로를 만들 수 있다.

여기에서는 세 가지 다른 다운로드 시나리오를 지원한다.

- 특정 고정 크기 이미지

- width 또는 height 중 하나를 지정하는 크기 변경

- 전체 크기 이미지

첫 번째 시나리오에서는 이전의 width와 height 매개변수를 사용한다.

```
app.get("/uploads/:width(\\d+)x:height(\\d+)-:image", download_image);
```

다음과 비슷한 경로 주소가 나온다.

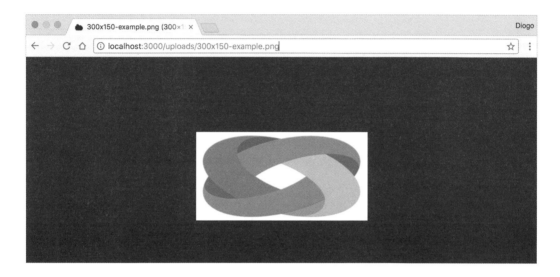

두 번째 시나리오에서는 누락된 매개변수를 밑줄로 대체하는 비슷한 경로 두 개를 사용한다.

```
app.get("/uploads/_x:height(\\d+)-:image", download_image);
app.get("/uploads/:width(\\d+)x_-:image", download_image);
```

이러한 경로는 다음과 비슷하다.

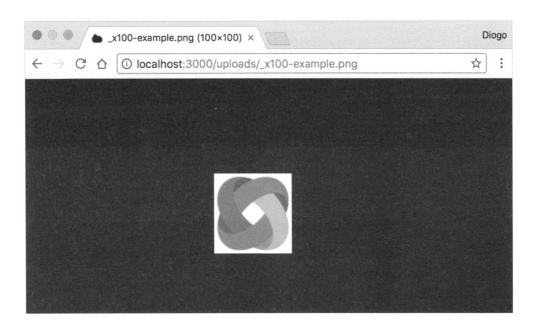

세 번째이자 마지막 시나리오에서는 동일한 경로를 유지한다.

```
app.get("/uploads/:image", download_image);
```

이 네 가지 경로는 이 순서로 정의해야 한다. 경로 매개변수는 정규식을 기반으로 복잡한 경로를 먼저 정의하고 간단한 경로를 나중에 정의해야 한다.

색을 이용한 간단한 작업

이번에는 간단한 greyscale 기능을 서비스에 추가해보자. 사용자가 이미지를 그레이스케일로 변환하도록 지정할 수 있는 매개변수를 서비스에 추가한다.

```
app.param("greyscale", (req, res, next, greyscale) => {
    if (greyscale != "bw") return next("route");

    req.greyscale = true;
    return next();
});
```

이 코드는 이 매개변수가 bw 문자열과 일치하는지 확인하고 일치하는 경우 요청 객체의 플래그를 표시한다.

이제 이 매개변수가 정의된 경우 적절하게 처리하도록 이미지 다운로드 함수를 수정한다.

```
function download_image(req, res) {
    fs.access(req.localpath, fs.constants.R_OK , (err) => {
        if (err) return res.status(404).end();

        let image = sharp(req.localpath);

        if (req.width && req.height) {
            image.ignoreAspectRatio();
        }

        if (req.width || req.height) {
            image.resize(req.width, req.height);
        }

        if (req.greyscale) {
            image.greyscale();
        }

        res.setHeader("Content-Type", "image/" +
        path.extname(req.image).substr(1));

        image.pipe(res);
    });
}
```

마지막으로 기존의 네 가지 다운로드 경로에 그레이스케일을 처리하는 경로를 하나씩 추가한다. 이렇게 하면 사용자가 크기 변경 옵션과 greyscale 옵션을 함께 사용할 수 있다.

```
app.get("/uploads/:width(\\d+)x:height(\\d+)-:greyscale-:image", download_image);
app.get("/uploads/:width(\\d+)x:height(\\d+)-:image", download_image);
app.get("/uploads/_x:height(\\d+)-:greyscale-:image", download_image);
app.get("/uploads/_x:height(\\d+)-:image", download_image);
```

```
app.get("/uploads/:width(\\d+)x_-:greyscale-:image", download_image);
app.get("/uploads/:width(\\d+)x_-:image", download_image);
app.get("/uploads/:greyscale-:image", download_image);
app.get("/uploads/:image", download_image);
```

이제 사용자가 이미지를 그레이스케일로 변경하려는 경우, 이미지 이름에 bw- 접두사를 붙여 greyscale 을 활성화하면 된다.

처음 생성한 썸네일을 제외하면 최종적으로 다음과 같은 코드가 만들어진다. 코드의 기본 구조를 볼 수 있도록 경로와 다운로드 함수 내의 코드를 제거했다.

```
const bodyparser = require("body-parser");
const path       = require("path");
const fs         = require("fs");
const express    = require("express");
const sharp      = require("sharp");
const app        = express();

app.param("image", (req, res, next, image) => { ... });
app.param("width", (req, res, next, width) => { ... });
app.param("height", (req, res, next, height) => { ... });
app.param("greyscale", (req, res, next, greyscale) => { ... });

app.post("/uploads/:image", bodyparser.raw({ limit: "10mb", type: "image/*" }), (req, res) => { ...
});

app.head("/uploads/:image", (req, res) => { ... });

app.get("/uploads/:width(\\d+)x:height(\\d+)-:greyscale-:image", download_image);
app.get("/uploads/:width(\\d+)x:height(\\d+)-:image", download_image);
app.get("/uploads/_x:height(\\d+)-:greyscale-:image", download_image);
app.get("/uploads/_x:height(\\d+)-:image", download_image);
app.get("/uploads/:width(\\d+)x_-:greyscale-:image", download_image);
app.get("/uploads/:width(\\d+)x_-:image", download_image);
app.get("/uploads/:greyscale-:image", download_image);
app.get("/uploads/:image", download_image);
```

```
app.listen(3000, () => {
    console.log("ready");
});

function download_image(req, res) {
    ...
}
```

이제 서비스를 재시작하고 몇 가지 테스트를 해보자. 첫 번째 이미지 예제를 greyscale 버전으로 요청하면 다음과 같다.

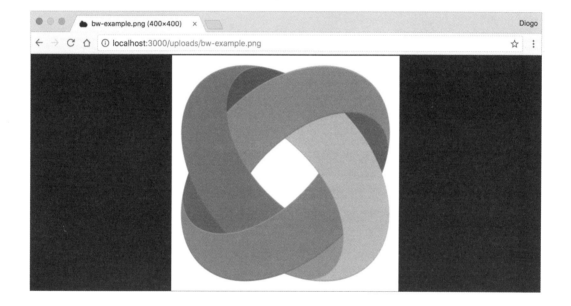

마찬가지로 이미지 크기를 변경하면서 선택적으로 greyscale 필터를 지정할 수 있다.

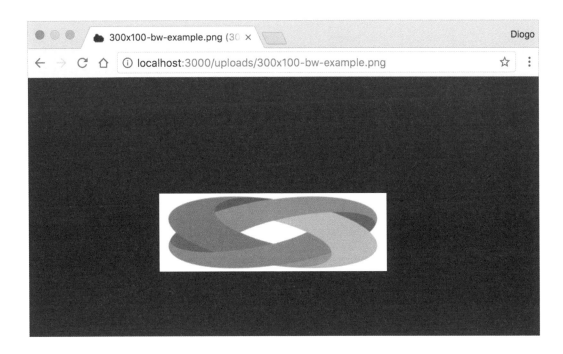

sharp 모듈을 활용하면 더 흥미로운 이미지 조작 기능을 서비스에 추가할 수 있으며, 완전한 기능의 이미지 조작 서비스로 발전시키면서 더 많은 프로젝트에 활용할 수 있다.

예를 들어 이미지를 뿌옇게 만드는 블러(blur) 옵션이나 이와 반대로 이미지를 날카롭게 만드는 샤픈(sharpen) 옵션을 추가할 수 있다. 또한 이미지를 가로나 세로로 뒤집을 수도 있다.

경로 리팩터링

이러한 옵션 자체는 멋지게 보이지만, 지금까지 사용한 방법으로 옵션을 추가하면 코드는 아주 엉망이된다. 또한 이미지 조작 옵션을 지정하기 위해 이미지 이름에 접두사를 계속 추가해야 하는 문제도 있다.

아직 초기 단계일 때 지금까지의 경로 매개변수 대신 쿼리 매개변수를 사용하도록 기본적인 부분을 바꿔보자. 쿼리는 원하는 순서대로 추가할 수 있으며 경로에 영향을 주지 않는다. 요청 헤더를 사용하는 방법도 있지만, 이 방법은 브라우저에서는 물론 요청과 같은 가져오기 모듈을 사용하는 경우에 테스트가 어렵다.

따라서 멋진 이미지 조작 기능을 추가하기 전에 쿼리 매개변수를 사용하도록 코드를 리팩터링해보자. 익
스프레스는 쿼리 매개변수를 자동으로 처리하고 디코딩하므로 다운로드 image 함수만 수정하면 된다.

```javascript
function download_image(req, res) {
    fs.access(req.localpath, fs.constants.R_OK , (err) => {
        if (err) return res.status(404).end();

        let image     = sharp(req.localpath);
        let width     = +req.query.width;
        let height    = +req.query.height;
        let greyscale = (req.query.greyscale == "y");

        if (width > 0 && height > 0) {
            image.ignoreAspectRatio();
        }

        if (width > 0 || height > 0) {
            image.resize(width || null, height || null);
        }

        if (greyscale) {
            image.greyscale();
        }

        res.setHeader("Content-Type", "image/" +
        path.extname(req.image).substr(1));

        image.pipe(res);
    });
}
```

유효성 검사를 충분히 하지는 않지만, width와 height가 모두 양수인지 검사한다. 그레이스케일 옵션을
위해서는 쿼리 매개변수가 y인지 확인한다. 그레이스케일 옵션에 yes 또는 true와 같은 추가 옵션을 지원
하려면 코드 행을 다음과 같이 수정한다.

```javascript
let greyscale = [ "y", "yes", "1", "on"].includes(req.query.greyscale);
```

이제 지금까지 사용한 width, height, greyscale 경로 매개변수를 삭제하고 image 매개변수를 사용하면 된다. 또한 다운로드 경로를 모두 제거하고 더 간단한 경로를 사용할 수 있다. 최종 코드는 다음과 같다.

```
const bodyparser = require("body-parser");
const path       = require("path");
const fs         = require("fs");
const express    = require("express");
const sharp      = require("sharp");
const app        = express();

app.param("image", (req, res, next, image) => {
   if (!image.match(/\.(png|jpg)$/i)) {
      return res.status(req.method == "POST" ? 403 : 404).end();
   }

   req.image     = image;
   req.localpath = path.join(__dirname, "uploads", req.image);

   return next();

});


app.post("/uploads/:image", bodyparser.raw({
   limit : "10mb",
   type : "image/*"
}), (req, res) => {
   let fd = fs.createWriteStream(req.localpath, {
      flags   : "w+",
      encoding : "binary"
   });

   fd.end(req.body);

   fd.on("close", () => {
      res.send({ status : "ok", size: req.body.length });
   });
});
```

```
app.head("/uploads/:image", (req, res) => {
    fs.access(req.localpath, fs.constants.R_OK , (err) => {
        res.status(err ? 404 : 200).end();
    });
});


app.get("/uploads/:image", download_image);


app.listen(3000, () => {
    console.log("ready");
});
```

이제 결과를 확인해보자. 이전과 비슷하게 이미지 크기를 변경할 수 있지만 다른 주소를 사용한다.

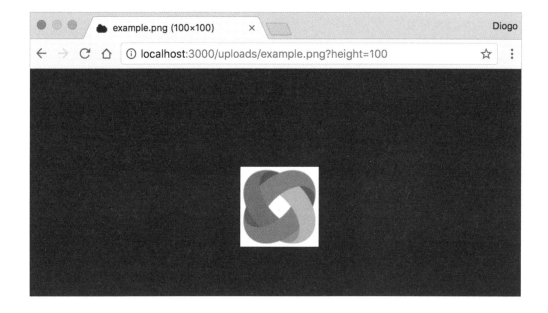

또한 greyscale 함수를 추가했다.

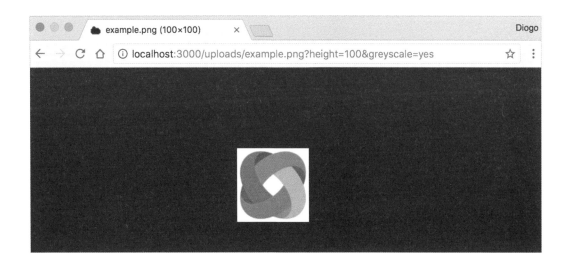

이미지 조작

앞서 언급한 다른 이미지 조작 옵션을 추가해보자. 이미지를 세로로 뒤집는 데는 쿼리 매개변수 flip을 사용하며 가로로 뒤집는 데는 쿼리 매개변수 flop을 사용한다. 또한 양수의 값을 지정할 수 있는 옵션 쿼리 매개변수 blur와 sharpen을 추가한다.

이제 경로를 하나만 사용하므로 이미지 다운로드 함수를 다운로드 경로로 곧바로 통합했다. 최종 코드는 다음과 같다.

```
app.get("/uploads/:image", (req, res) => {
  fs.access(req.localpath, fs.constants.R_OK , (err) => {
    if (err) return res.status(404).end();

    let image      = sharp(req.localpath);
    let width      = +req.query.width;
    let height     = +req.query.height;
    let blur       = +req.query.blur;
    let sharpen    = +req.query.sharpen;
    let greyscale = [ "y", "yes", "1", "on"].includes(req.query.greyscale);
    let flip = [ "y", "yes", "1", "on"].includes(req.query.flip);
    let flop = [ "y", "yes", "1", "on"].includes(req.query.flop);
```

```
        if (width > 0 && height > 0) {
            image.ignoreAspectRatio();
        }

        if (width > 0 || height > 0) {
            image.resize(width || null, height || null);
        }

        if (flip) image.flip();
        if (flop) image.flop();
        if (blur > 0) image.blur(blur);
        if (sharpen > 0) image.sharpen(sharpen);
        if (greyscale) image.greyscale();

        res.setHeader("Content-Type", "image/" +
        path.extname(req.image).substr(1));

        image.pipe(res);
    });
});
```

이제 가로 뒤집기나 세로 뒤집기 또는 샤픈 효과를 적용할 수 있다.

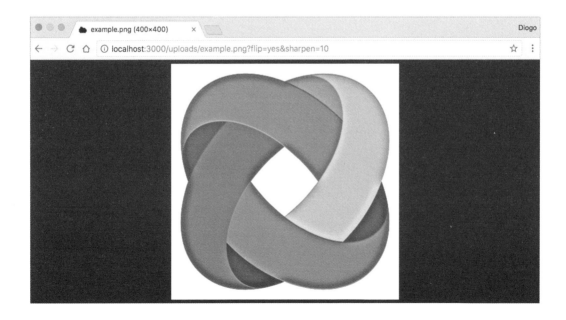

블러 효과를 적용하면 다음과 같은 결과를 얻는다.

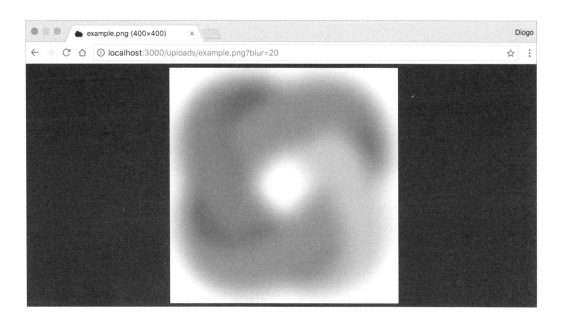

전체적으로 수정한 것은 처음이지만 꽤 만족스러운 결과라고 할 수 있다. 다음은 익스프레스 대신 히드라를 사용하는 과정을 알아보자.

히드라 사용

기억하겠지만, 히드라에는 서비스를 빠르게 시동할 수 있는 스캐폴딩 명령이 있다. 이 명령을 사용해 기본 레이아웃을 준비해보자. yo fwsp-hydra 명령을 실행하고 표시되는 질문에 응답한다. 대부분의 질문에 기본값을 사용하면 된다. 사용하는 버전에 따라 다음 행과 비슷한 결과가 표시된다.

```
fwsp-hydra generator v0.3.1 yeoman-generator v2.0.2 yo v2.0.1
? Name of the service (`-service` will be appended automatically) imagini
? Your full name? Diogo Resende
? Your email address? dresende@thinkdigital.pt
? Your organization or username? (used to tag docker images) dresende
? Host the service runs on?
? Port the service runs on? 3000
? What does this service do? Image thumbnail and manipulation
```

```
? Does this service need auth? No
? Is this a hydra-express service? Yes
? Set up a view engine? No
? Set up logging? No
? Enable CORS on serverResponses? No
? Run npm install? No
   create imagini-service/specs/test.js
   create imagini-service/specs/helpers/chai.js
   create imagini-service/.editorconfig
   create imagini-service/.eslintrc
   create imagini-service/.gitattributes
   create imagini-service/.nvmrc
   create imagini-service/.gitignore
   create imagini-service/package.json
   create imagini-service/README.md
   create imagini-service/imagini-service.js
   create imagini-service/config/sample-config.json
   create imagini-service/config/config.json
   create imagini-service/scripts/docker.js
   create imagini-service/routes/imagini-v1-routes.js

Done!

cd imagini-service' then 'npm install' and 'npm start'
```

이제 기본적인 준비가 끝났다. 서비스 폴더로 이동하고 의존성을 설치한다. npm start 명령으로 서비스를 시작하고 브라우저를 열어 서비스로 이동해보면 다음과 같은 결과가 나온다.

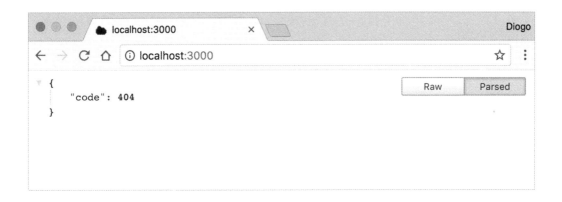

이렇게 되는 이유는 히드라가 다른 기본 경로를 생성하기 때문이다. 히드라의 스캐폴딩 기능은 버전 관리를 지원하고 동일한 HTTP 백엔드에서 여러 다른 서비스를 실행할 수 있게 하기 위해 /v1/imagini 접두사를 사용해 경로를 만든다. 여기에서는 히드라와 익스프레스 통합을 스캐폴딩하므로 이전에 설명한 사항이 동일하게 적용되는 점을 기억하자.

이전 코드를 히드라에 통합하기 전에 Sharp 의존성을 package.json에 추가해야 한다. dependencies 속성을 찾고 sharp를 추가한다. 다음과 비슷한 결과를 얻는다.

```
(…)
"dependencies": {
    "sharp" : "^0.19.0",
    "body-parser" : "^1.18.2",
    "fwsp-config" : "1.1.5",
    "hydra-express" : "1.5.5",
    "fwsp-server-response" : "2.2.6"
},
(…)
```

이제 npm install을 실행해 Sharp를 설치한다. 그다음 routes 폴더에서 imagini-v1-routes.js 파일을 찾아서 연다. 여기에서 하는 일을 요약하면 히드라와 익스프레스의 처리기를 얻고, 범용 JSON 서버 응답(fwsp-server-response 모듈)을 준비한 다음, 익스프레스 라우터를 만들고 / 경로를 연결한 후 내보낸다.

일단은 이 구조를 유지하자. 필자는 들여쓰기와 따옴표에 약간 까다로운 편이어서 파일을 간단하게 리팩터링했다. 이미지 경로 매개변수를 추가하고 이미지 업로드 경로를 추가했다. /uploads 경로 접두사를 제거하고 다음 코드에 나오는 새로운 sendOk와 sendError 함수를 사용하도록 이전 경로 코드를 수정했다.

```js
/**
 * @name imagini-v1-api
 * @description 이 모듈은 Imagini API를 패키징한다.
 */
"use strict";

const fs = require("fs");
const path = require("path");
const sharp = require("sharp");
const bodyparser = require("body-parser");
const hydraExpress = require("hydra-express");
const ServerResponse = require("fwsp-server-response");
const hydra = hydraExpress.getHydra();
const express = hydraExpress.getExpress();

let serverResponse = new ServerResponse();

express.response.sendError = function (err) {
    serverResponse.sendServerError(this, { result : { error : err }});
};

express.response.sendOk = function (result) {
    serverResponse.sendOk(this, { result });
};

let api = express.Router();

api.param("image", (req, res, next, image) => {
    if (!image.match(/\.(png|jpg)$/i)) {
        return res.sendError("invalid image type/extension");
    }

    req.image = image;
    req.localpath = path.join(__dirname, "../uploads", req.image);
```

```
    return next();
});


api.post("/:image", bodyparser.raw({
    limit : "10mb",
    type : "image/*"
}), (req, res) => {
    let fd = fs.createWriteStream(req.localpath, {
        flags : "w+",
        encoding : "binary"
    });


    fd.end(req.body);


    fd.on("close", () => {
        res.sendOk({ size: req.body.length });
    });
});


module.exports = api;
```

다음으로 마이크로서비스를 재시작하고 imagini-service 폴더 아래에 uploads 폴더를 만든 다음 이미지를 업로드해보자. 이전과 같이 curl을 사용해 테스트한다.

```
curl -X POST -H 'Content-Type: image/png' \
    --data-binary @example.png \
    http://localhost:3000/v1/imagini/example.png
```

예상대로 size 속성이 포함된 JSON 응답을 받는다.

```
{
    "statusCode" : 200,
    "statusMessage" : "OK",
    "statusDescription" : "Request succeeded without error",

    "result" : {
```

```
      "size" : 55543
    }
 }
```

업로드한 파일은 uploads 폴더에 넣을 수 있다. 이제 2개의 경로만 더 처리하면 된다.

```
api.head("/:image", (req, res) => {
   fs.access(req.localpath, fs.constants.R_OK , (err) => {
      if (err) {
         return res.sendError("image not found");
      }

      return res.sendOk();
   });
});
```

검사 경로는 거의 비슷한데, 이전에 정의한 메서드를 사용하도록 반환 메서드만 약간 변경했다.

```
api.get("/:image", (req, res) => {
   fs.access(req.localpath, fs.constants.R_OK , (err) => {
      if (err) {
         return res.sendError("image not found");
      }

      let image = sharp(req.localpath);
      let width = +req.query.width;
      let height = +req.query.height;
      let blur = +req.query.blur;
      let sharpen = +req.query.sharpen;
      let greyscale = [ "y", "yes", "true", "1", "on"].includes(req.query.greyscale);
      let flip = [ "y", "yes", "true", "1", "on"].includes(req.query.flip);
      let flop = [ "y", "yes", "true", "1", "on"].includes(req.query.flop);

      if (width > 0 && height > 0) {
         image.ignoreAspectRatio();
      }
```

```
    if (width > 0 || height > 0) {
        image.resize(width || null, height || null);
    }

    if (flip) image.flip();
    if (flop) image.flop();
    if (blur > 0) image.blur(blur);
    if (sharpen > 0) image.sharpen(sharpen);
    if (greyscale) image.greyscale();

    res.setHeader("Content-Type", "image/" +
    path.extname(req.image).substr(1));

    image.pipe(res);
    });
});
```

이미지 다운로드 메서드도 마찬가지로 비슷하다. 이 경로에 대해서는 JSON 응답을 사용하지 않고 이미지를 직접 반환한다. 이제 브라우저에서 결과를 확인할 수 있다.

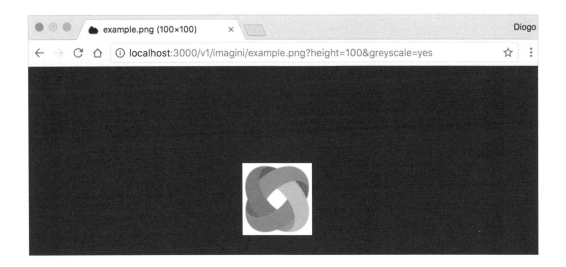

이것으로 익스프레스에서 히드라로 마이그레이션하는 과정을 간단하게 진행했다. 차이점이 많지는 않지만, 히드라는 더 견고한 레이아웃을 제공한다(자세한 내용은 조금 뒤에 다룬다). 이어서 세 번째 프레임워크인 세네카를 사용해보자.

세네카 사용

이 프레임워크에서 라우팅은 전적으로 패턴과 연관된다는 점을 기억하자. 이 예제에서는 간단하게 role 속성을 사용해 원하는 작업(업로드, 검사, 다운로드)을 지정하도록 해보자.

기본적으로 모든 메시지를 JSON으로 인코딩해야 하므로 이미지를 base64로 인코딩하고 업로드 및 다운로드하려는 JSON 메시지 내의 문자열로 전달한다.

세네카 서비스용 폴더를 만들고 uploads라는 자식 폴더를 만든다. 그리고 이 폴더에서 다음 명령을 실행해 seneca와 sharp를 설치한다.

```
npm install seneca sharp --save
```

그리고 다음과 같은 내용을 포함하는 imagini.js 파일을 만든다.

```
const seneca  = require("seneca");
const sharp   = require("sharp");
const path    = require("path");
const fs      = require("fs");
const service = seneca();

service.add("role:upload,image:*,data:*", function (msg, next) {
    let filename = path.join(__dirname, "uploads", msg.image);
    let data = Buffer.from(msg.data, "base64");

    fs.writeFile(filename, data, (err) => {
        if (err) return next(err);

        return next(null, { size : data.length });
    });
});
service.listen(3000);
```

이 코드는 업로드용 경로로 간단한 서비스를 시작한다. 여기에서는 이미지의 전체 내용을 객체 속성으로 직접 받으므로 fs.writeFile을 사용한다. 이 메서드는 더 간단하며, 문제가 생기면 오류를 제공하므로 오류를 경로 응답으로 전달할 수 있다.

또한 Buffer.from을 사용해 이미지 데이터를 변환하며 base64로 업로드한다.

이제 다른 프레임워크에서 했던 것처럼 예제를 작성해보자. 이전의 예제와 같이 example.png 이미지를 포함하며 curl을 사용해 테스트한다.

```
curl -H "Content-Type: application/json" \
--data '{"role":"upload","image":"example.png","data":"'"$(base64 example.png)"'"}' \
http://localhost:3000/act
```

세네카는 즉시 다음과 같은 응답을 제공한다.

```
{"size":55543}
```

이 응답은 이미지의 크기다. 여기에서는 bash 보간(변수 대체)을 활용해 이미지 파일을 곧바로 base64로 변환하고 curl로 전달하여 해당하는 JSON 데이터 부분을 예제의 서비스로 전송하도록 했다.

```
service.add("role:check,image:*", function (msg, next) {
    let filename = path.join(__dirname, "uploads", msg.image);

    fs.access(filename, fs.constants.R_OK , (err) => {
      return next(null, { exists : !err });
    });
});
```

검사 경로는 거의 비슷한데, 이번에는 HTTP 404 응답 코드로 응답하지 않고, 문자열로 바꾼 JSON 객체와 이미지가 발견됐는지를 나타내는 부울 속성 exists를 이용해 응답한다.

curl을 이용해 이미지를 확인해보자.

```
curl -H "Content-Type: application/json" \
    --data '{"role":"check","image":"example.png"}' \
    http://localhost:3000/act
```

다음과 같은 응답을 받는다.

```
{"exists":true}
```

이미지 이름을 변경하면 false 응답을 받는다.

```javascript
service.add("role:download,image:*", function (msg, next) {
    let filename = path.join(__dirname, "uploads", msg.image);

    fs.access(filename, fs.constants.R_OK , (err) => {
        if (err) return next(err);

        let image = sharp(filename);
        let width = +msg.width;
        let height = +msg.height;
        let blur = +msg.blur;
        let sharpen = +msg.sharpen;
        let greyscale = !!msg.greyscale;
        let flip = !!msg.flip;
        let flop = !!msg.flop;

        if (width > 0 && height > 0) {
            image.ignoreAspectRatio();
        }

        if (width > 0 || height > 0) {
            image.resize(width || null, height || null);
        }

        if (flip) image.flip();
        if (flop) image.flop();
        if (blur > 0) image.blur(blur);
        if (sharpen > 0) image.sharpen(sharpen);
        if (greyscale) image.greyscale();

        image.toBuffer().then((data) => {
            return next(null, { data: data.toString("base64") });
        });
    });
});
```

다운로드 경로에는 몇 가지 변경된 사항이 있다.

- 쿼리 매개변수가 아니라 msg를 직접 확인한다. 눈에 띄는 장점 중 하나는 단순한 문자열만이 아니라 형식이 있으므로 부울과 숫자를 직접 사용할 수 있다는 것이다.

- 브라우저에서 바로 열 수 있는 이진 형식으로 이미지를 반환하는 대신 base64로 변환하고 JSON 응답으로 전달한다.

이를 명령줄에서 테스트하려면 몇 가지 도구가 필요하다. 필자는 JSON을 많이 사용하므로 jq를 설치했다. 각자 설치하고 자습서를 살펴보기를 권장한다. 여러 가지로 큰 도움이 될 것이다. 이전에 인코딩에 사용한 base64 명령으로 콘텐츠를 디코딩하고 데이터를 로컬 파일로 파이프 할 수 있다.

```
Last login: Tue Feb 13 21:44:17 on ttys002
~ > cd imagini/
~/imagini >
~/imagini > curl -H "Content-Type: application/json" \
> --data '{"role":"download","image":"example.png","greyscale":true,"height":100}' \
> http://localhost:3000/act \
> | jq -r '.data' | base64 --decode > example.png
  % Total    % Received % Xferd  Average Speed   Time    Time     Time  Current
                                 Dload  Upload   Total   Spent    Left  Speed
100  7430  100  7359  100    71   262k   2597 --:--:-- --:--:-- --:--:--  266k
~/imagini > _
```

2. nazgul.home: /Users/dresende/imagini (bash)

폴더를 열어보면 이미지가 있는 것을 볼 수 있다. 이 예에서는 두 개의 JSON 매개변수를 추가로 전달해 그레이스케일 변환과 크기 변경을 적용했다.

플러그인

세네카의 개념을 제대로 활용하기 위해 imagini 서비스에 플러그인을 추가해보자. 이를 위해 서비스를 다음과 같은 두 부분으로 분리해보자.

- imagini 플러그인 – 이미지를 조작하는 서비스다.
- 세네카 마이크로서비스 – imagini 플러그인과 (나중에) 추가 플러그인을 노출한다.

지금까지 작성한 코드에는 자주 반복되는 코드를 비롯해 개선의 여지가 많다. 이러한 반복적 코드는 서비스가 아주 작을 때 찾는 것이 중요하다.

가장 자주 반복되는 코드는 로컬 파일 이름이다. 파일 이름은 서비스를 시작할 때 구성하는 것이 적당하므로 이 코드를 함수로 변경해보자. 먼저 imagini.js 파일을 플러그인으로 바꾸는 것부터 시작한다. 코드를 모두 지우고 다음 코드를 작성한다.

```
const sharp = require("sharp");
const path = require("path");
const fs = require("fs");

module.exports = function (settings = { path: "uploads" }) {
    // 플러그인 코드 위치
};
```

이것이 플러그인의 바탕이다. 플러그인이 서비스에 직접 액세스할 수 있으므로 세네카를 제외한 필요한 모듈을 로드한다. 세네카는 내보낸 함수를 호출해 플러그인을 로드한다. 로컬 이미지 폴더를 구성할 수 있게 settings 매개변수를 정의하고 path 속성이 지금까지 사용한 폴더인 uploads와 일치하는 객체를 기본적으로 가지도록 한다.

이제 이전 함수 안에 플러그인의 내용을 추가한다.

```
const localpath = (image) => {
    return path.join(settings.path, image);
}
```

우선은 이미지 매개변수를 로컬 경로로 변환하는 함수를 정의하는 것부터 시작한다. 이 함수는 다음과 같이 한 행으로 작성할 수 있다.

```
const localpath = (image) => (path.join(settings.path, image));
```

다음은 로컬 파일에 대한 액세스가 있는지 검사하고 부울(존재 여부) 하나와 지정한 파일 이름을 반환하는 함수를 작성한다.

```
const access = (filename, next) => {
    fs.access(filename, fs.constants.R_OK , (err) => {
        return next(!err, filename);
    });
};
```

이 함수는 이미지 검사와 이미지 다운로드에 사용할 수 있다. 이렇게 하면 과도한 파일 시스템 사용을 방지하고 추가 성능 개선을 위해 결과를 캐싱하는 등의 조치가 가능하다. 이제 다음과 같이 간결하게 이미지 검사 경로를 작성할 수 있다.

```
this.add("role:check,image:*", (msg, next) => {
  access(localpath(msg.image), (exists) => {
    return next(null, { exists : exists });
  });
});
```

이 코드에서 this 객체를 참조한다는 점에 주의하자. 세네카 서비스는 플러그인 함수를 호출하며 자신을 this로 참조한다. 다음과 같이 더 간결하게 작성할 수도 있다.

```
this.add("role:check,image:*", (msg, next) => {
  access(localpath(msg.image), (exists) => (next(null, { exists })));
});
```

업로드 경로는 아주 간단하며 변경 사항이 없다.

```
this.add("role:upload,image:*,data:*", (msg, next) => {
  let data = Buffer.from(msg.data, "base64");

  fs.writeFile(localpath(msg.image), data, (err) => {
    return next(err, { size : data.length });
  });
});
```

다운로드 경로에는 앞서 만든 헬퍼 함수를 사용하므로 로컬 파일 이름을 저장할 필요가 없다. width와 height를 처리하는 방법도 약간 개선했다.

```
this.add("role:download,image:*", (msg, next) => {
  access(localpath(msg.image), (exists, filename) => {
    if (!exists) return next(new Error("image not found"));

    let image = sharp(filename);
    let width = +msg.width || null;
```

```
        let height = +msg.height || null;
        let blur = +msg.blur;
        let sharpen = +msg.sharpen;
        let greyscale = !!msg.greyscale;
        let flip = !!msg.flip;
        let flop = !!msg.flop;

        if (width && height) image.ignoreAspectRatio();
        if (width || height) image.resize(width, height);
        if (flip) image.flip();
        if (flop) image.flop();
        if (blur > 0) image.blur(blur);
        if (sharpen > 0) image.sharpen(sharpen);
        if (greyscale) image.greyscale();

        image.toBuffer().then((data) => {
            return next(null, { data: data.toString("base64") });
        });
    });
});
```

앞의 코드는 여러 변수를 사용하고 있지만, 변수 대신 다음과 같이 간단하게 메시지 매개변수를 검사해도 된다. 다음과 같이 코드를 수정하면 변수의 1/3을 줄일 수 있다.

```
this.add("role:download,image:*", (msg, next) => {
    access(localpath(msg.image), (exists, filename) => {
        if (!exists) return next(new Error("image not found"));

        let image = sharp(filename);
        let width = +msg.width || null;
        let height = +msg.height || null;

        if (width && height) image.ignoreAspectRatio();
        if (width || height) image.resize(width, height);
        if (msg.flip) image.flip();
        if (msg.flop) image.flop();
        if (msg.blur > 0) image.blur(blur);
        if (msg.sharpen > 0) image.sharpen(sharpen);
```

```
        if (msg.greyscale) image.greyscale();

        image.toBuffer().then((data) => {
            return next(null, { data: data.toString("base64") });
        });
    });
});
```

지금까지 설명한 코드를 포함해 완성된 imagini.js 파일은 다음과 같다.

```
const sharp = require("sharp");
const path = require("path");
const fs = require("fs");

module.exports = function (settings = { path: "uploads" }) {
    const localpath = (image) => (path.join(settings.path, image));
    const access = (filename, next) => {
        fs.access(filename, fs.constants.R_OK , (err) => {
            return next(!err, filename);
        });
    };

    this.add("role:check,image:*", (msg, next) => {
        access(localpath(msg.image), (exists) => (next(null, { exists })));
    });

    this.add("role:upload,image:*,data:*", (msg, next) => {
        let data = Buffer.from(msg.data, "base64");

        fs.writeFile(localpath(msg.image), data, (err) => {
            return next(err, { size : data.length });
        });
    });

    this.add("role:download,image:*", (msg, next) => {
        access(localpath(msg.image), (exists, filename) => {
            if (!exists) return next(new Error("image not found"));
```

```
        let image = sharp(filename);
        let width = +msg.width || null;
        let height = +msg.height || null;

        if (width && height) image.ignoreAspectRatio();
        if (width || height) image.resize(width, height);
        if (msg.flip) image.flip();
        if (msg.flop) image.flop();
        if (msg.blur > 0) image.blur(blur);
        if (msg.sharpen > 0) image.sharpen(sharpen);
        if (msg.greyscale) image.greyscale();

        image.toBuffer().then((data) => {
            return next(null, { data: data.toString("base64") });
        });
    });
  });
};
```

다음으로 세네카 서비스를 만들고 플러그인을 사용해야 하는데, 이 과정은 아주 간단하다. seneca.js라는 파일을 만들고 다음 코드를 추가한다.

```
const seneca = require("seneca");
const service = seneca();

service.use("./imagini.js", { path: __dirname + "/uploads" });

service.listen(3000);
```

이 코드는 다음과 같은 일을 한다.

1. seneca 모듈을 로드한다.

2. 세네카 service를 만든다.

3. imagini.js 플러그인을 로드하고 원하는 경로를 전달한다.

4. 포트 3000에서 service를 시작한다.

여기까지다. 이제 서비스를 모든 세네카 서비스에서 사용할 수 있는 플러그인으로 만들었다! 이제 service를 시작하려면 imagini.js를 직접 사용하지 말고 새로운 파일을 실행해야 한다.

```
node seneca
```

요약

지금까지 살펴본 것처럼 프레임워크는 달라도 서비스를 작성하는 방법은 크게 다르지 않으며 사소한 차이점만 있다. 세네카는 메시지 형식과 콘텐츠를 다루는 데 좀 더 엄격하므로 base64를 사용해 이미지를 JSON 메시지로 인코딩했다. 나머지 사항은 거의 동일하다.

익스프레스와 같이 마이크로서비스에 제한되지 않고 다양하게 사용할 수 있는 광범위한 도구의 경우에는 실무 수준의 마이크로서비스를 개발하려면 용도에 맞는 플러그인을 찾거나 여러 플러그인을 직접 작성해야 할 수 있다. 서비스에 대한 모든 것을 결정할 수 있는 장점이 있지만, 코드를 많이 작성해야 한다. 히드라는 작업을 원활하게 진행하기 위한 플러그인의 초기 집합으로 유용하게 활용할 수 있다.

세네카를 비롯한 다른 도구는 마이크로서비스의 일부 측면(예: JSON 메시지를 사용한 통신과 서비스 조합)을 이미 포함하고 있다. 다만 이러한 기능을 사용하면 서비스 정의가 엄격해지는 단점이 있다.

4장에서는 세 가지 서비스 버전의 보안에 대해 알아보고 상태를 저장하는 방법을 설명한다.

상태와 보안

3장에서는 여러 다른 프레임워크를 사용해 마이크로서비스의 기본 레이아웃을 만들었다. 이제는 코드의 여러 측면을 좀 더 자세히 살펴볼 차례다. 사전에 충분히 생각하지 않고 급하게 코드를 작성하면 나중에 중복된 코드를 삭제하고 서비스를 정리하는 시간이 많이 든다.

코드를 작성하기 전에 항상 생각하는 것이 좋다. 경험을 통해 배우겠지만, 서비스를 계획하거나 새로운 기능에 대해 생각하는 시간을 귀중하게 여겨야 한다. 곧바로 코딩부터 시작하는 것은 바람직하지 않다. 이론상으로 **서비스**는 **보안** 레이어 안에 있고 **상태**와 안정적으로 연결돼야 한다.

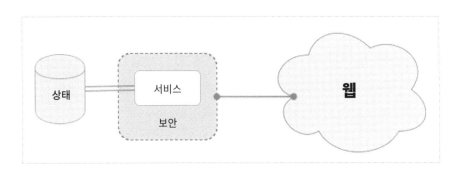

상태

상태(state)는 사람의 기억이라고 생각하면 이해하기 쉽다. 대부분의 서비스는 상태를 가진다. 즉, 수행하는 작업이나 지원하는 정보에 대해 기억한다. 서비스는 기본적으로 무한으로 실행되지만, 때에 따라 유지관리나 업그레이드를 위해 재시작하거나 중지해야 한다.

이때 서비스가 상태를 잃어버리지 않게 하면 사용자가 서비스가 중단되지 않은 것처럼 느낄 수 있으므로 이상적이다. 이 기능은 둘 중 한 방법으로 구현할 수 있다.

- 상태를 지속적 저장소에 저장한다.

- 서비스를 중단하기 전에 상태를 지속적 저장소에 저장하고 재시작한 후 상태를 로드한다.

첫 번째 방법을 사용하면 서비스가 다소 느려지지만(시스템 메모리보다 빠른 저장소는 없다), 서비스를 재시작해도 상태가 일관되게 유지된다.

두 번째 방법은 경우에 따라 서비스가 갑작스럽게 중단되고 상태를 저장할 수 없을 때가 있기 때문에 더 까다롭지만, 어차피 이런 상황이라면 상태가 별로 중요하지 않을 것이다. 선택은 여러분의 몫이다.

상태를 저장하는 데는 여러 옵션이 있으며 무엇을 저장할지에 따라 다르다. 마이크로서비스를 여러 운영체제와 호환되게 하려면 상태를 파일 시스템에 저장하는 것은 좋지 않다.

상태 저장

서비스에 따라 다음과 같은 방법으로 상태를 저장할 수 있다.

- **관계형 데이터베이스(RDBMS)** – 예: MySQL 또는 PostgreSQL

- **비관계형 데이터베이스(NDBMS)** – 몽고DB 또는 RethinkDB와 같은 NoSQL

- **인-메모리 데이터베이스(IMDB)** – 예: 레디스 또는 멤캐시드

가장 일반적으로 사용하는 방법은 첫 번째 방법이다. 첫 번째 방법을 선택하면 여러 시스템에서 실행되는 안정적이고 입증된 데이터베이스 시스템을 사용할 수 있으며, 마이크로서비스를 배포할 클라우드 서비스를 찾기도 수월하다. 관계형 데이터베이스는 대부분의 솔루션이 성숙하다는 점 외에도 제대로 설정하면 일관성을 제공할 수 있다는 장점이 있다.

두 번째 방법은 첫 번째보다 좀 더 최신 기술이다. 고정된 테이블을 사용하는 RDBMS와는 달리 보통 JSON 구조인 문서의 컬렉션을 대상으로 작업한다. 이러한 문서에는 일반적으로 제한이 없으며 각 문서가 다른 구조를 가질 수 있으므로 더 유연하다. 대신 유연성이 높을수록 일관성은 떨어진다.

세 가지 방법 모두 특정 시스템에 따라 복제를 지원하므로 내결함성이 보장되고 지리적으로 거리가 있는 경우 속도가 향상된다.

여기에서는 각각 한 가지 시스템을 사용해 세 가지 방법을 살펴보기로 하자. 먼저 관계형 데이터베이스 MySQL을 사용해보자.

MySQL

MySQL을 설치하기는 아주 쉽다. 공식 웹사이트를 방문하고 표시되는 지침을 따른다. 보통은 루트 사용자의 암호를 지정하라는 메시지가 표시되는데, 이 암호는 나중에 서버 설정과 사용자 계정을 관리하는데 사용할 수 있다.

Node.js를 사용해 MySQL 서버를 연결하는 데는 여러 옵션을 사용할 수 있는데, 권장하는 도구는 `mysql`과 `mysql2` 모듈이다. 두 도구 모두 필요한 목적을 달성할 수 있으며, 이름은 비슷하지만 이 둘은 설계와 지원되는 기능이 다른 별개의 도구다.

먼저 서비스에 의존성을 추가한다. 터미널에서 서비스 폴더로 이동한 후 다음 명령을 입력한다.

```
npm install mysql --save
```

이제 의존성을 포함하고 데이터베이스에 대한 연결을 구성할 수 있다. 별도의 파일을 만들고 필요에 따라 변경할 수 있는 설정을 지정하면 코드에 자격 증명을 포함할 필요가 없다. Node.js는 JSON 파일을 포함할 수 있으므로 이 능력을 활용해 설정을 JSON에 저장할 수 있다.

`settings.json`이라는 파일을 만들고 다음 내용을 입력한다.

```
{
    "db": "mysql://root:test@localhost/imagini"
}
```

이 파일은 데이터베이스 URI를 포함하는 db라는 설정을 정의한다. 이 방법은 웹사이트 주소와 비슷한 주소를 사용해 데이터베이스 액세스와 자격 증명을 정의할 수 있는 편리한 방법이다. 예제의 데이터베이스는 localhost(기본 포트 사용)에 있는 mysql을 사용하며 사용자 이름 root와 암호 test를 사용해 접근할 수 있다. 데이터베이스 이름은 imagini다. 이제 모듈과 설정을 포함하고 연결을 생성할 수 있다.

```
const settings = require("./settings");
const mysql = require("mysql");
const db = mysql.createConnection(settings.db);
```

이 모듈은 쿼리를 생성해야 데이터베이스에 연결한다. 이는 서비스가 시작되고 첫 번째 쿼리를 생성하기 전까지 연결 설정이 올바른지 알 수 없다는 의미다. 나중에 서비스를 사용하려고 시도할 때 데이터베이스에 연결할 수 없다는 것을 아는 것을 원하지는 않으므로 먼저 강제로 연결하여 서버가 실행 중이고 연결을 수락하는지 확인한다.

```
db.connect((err) => {
    if (err) throw err;

    console.log("db: ready");

    // ...
    // 나머지 서비스 코드
    // ...

    app.listen(3000, () => {
        console.log("app: ready");
    });
});
```

이렇게 하면 데이터베이스에 문제가 있는 경우 서비스가 시작되지 않고 예외를 던지므로 문제를 찾아서 해결할 수 있다. 다음은 이러한 오류의 예다.

```
Error: ER_ACCESS_DENIED_ERROR: Access denied for user 'root'@'localhost'
(using password: YES)
```

이 경우에는 암호를 잘못 입력했거나 사용자가 일치하지 않거나 호스트 이름 또는 데이터베이스가 잘못됐을 수 있다. 서비스를 설정하기 전에 데이터베이스 연결을 확인하면 올바른 상태를 준비하기 전까지 서비스를 일반 사용자에게 노출하지 않을 수 있다.

우리가 작성할 마이크로서비스 예제는 이전에 업로드한 이미지를 상태로 사용한다. 파일 시스템 대신 데이터베이스를 사용하여 테이블을 생성하고 저장할 수 있다.

```
db.query(
    `CREATE TABLE IF NOT EXISTS images
    (
        id INT(11) UNSIGNED NOT NULL AUTO_INCREMENT,
        date_created TIMESTAMP NOT NULL DEFAULT CURRENT_TIMESTAMP,
        date_used TIMESTAMP NULL DEFAULT NULL,
        name VARCHAR(300) NOT NULL,
        size INT(11) UNSIGNED NOT NULL,
        data LONGBLOB NOT NULL,
        PRIMARY KEY (id),
        UNIQUE KEY name (name)
    )
    ENGINE=InnoDB DEFAULT CHARSET=utf8`
);
```

이 쿼리는 이미지 테이블이 존재하지 않을 때만 테이블을 새로 생성하므로 서비스를 시작할 때마다 이 쿼리를 실행해도 된다. 구조를 변경하지 않는다면 항상 이렇게 할 수 있다.

고유 식별 번호(id), 생성 날짜(date_created), 이미지 사용 날짜(date_used), 이미지 이름(name), 바이트 단위 크기(size), 그리고 이미지 데이터(data)를 포함하는 테이블을 생성한 것을 알 수 있다. 사실 크기는 데이터 길이를 확인하면 간단히 알 수 있으므로 필요 없지만, 예제 목적임을 감안하자.

이름은 고유 키로 정의했으므로 이름을 기준으로 이미지를 빠르게 찾을 수 있는 인덱스가 있으며 이름이 중복되지 않고 이미지를 덮어쓸 수 없다는(먼저 제거하지 않으면) 의미다.

이렇게 데이터베이스 테이블에 이미지를 저장하면 다음과 같은 정보를 쉽게 얻을 수 있다.

- 보유한 이미지의 수

- 각 이미지의 파일 크기와 전체 파일의 크기

- 이미지가 생성된 시각과 마지막으로 사용된 날짜

또한 일정 시간보다 오랫동안 사용되지 않은 이미지를 삭제하는 등의 기능으로 서비스를 개선할 수 있으며, 이미지 크기에 따라 달리 처리할 수 있다. 또한 나중에는 인증을 구현하고 사용자별 규칙을 추가할 수 있다.

상태를 백업하거나 다른 사이트로 복제하기도 수월하다. 아주 다양한 도구로 데이터베이스를 백업할 수 있으며, 원한다면 다른 MySQL 서버를 현재 서버의 슬레이브로 사용하여 이미지를 실시간으로 다른 지리적 위치로 복제하는 것도 가능하다.

이어서 3장에서 작성한 예제를 수정해 파일 시스템의 폴더가 아닌 데이터베이스 테이블을 사용하도록 해보자. fs 모듈 의존성을 제거할 수 있다(경로 모듈은 아직은 제거하지 않는다).

```js
app.param("image", (req, res, next, image) => {
    if (!image.match(/\.(png|jpg)$/i)) {
        return res.status(403).end();
    }

    db.query("SELECT * FROM images WHERE name = ?", [ image ], (err, images) => {
        if (err || !images.length) {
            return res.status(404).end();
        }

        req.image = images[0];

        return next();
    });
});
```

app.param은 완전히 달라졌다. 이제 image를 확인할 때 image 테이블을 대상으로 사용하며, 발견되지 않은 경우 코드 404를 반환하고 발견된 경우 이미지 정보를 req.image에 저장한다. 다음은 image를 테이블에 저장하도록 image 업로드를 수정할 차례다.

```
app.post("/uploads/:name", bodyparser.raw({
    limit : "10mb",
    type : "image/*"
}), (req, res) => {
    db.query("INSERT INTO images SET ?", {
        name : req.params.name,
        size : req.body.length,
        data : req.body,
    }, (err) => {
        if (err) {
            return res.send({ status : "error", code: err.code });
        }

        res.send({ status : "ok", size: req.body.length });
    });
});
```

이미지 업로드 기능은 더 이상 파일 시스템을 사용하지 않으며 대신 테이블에 새로운 행을 생성한다. id는 자동으로 할당되므로 따로 지정할 필요가 없다. 생성 날짜 역시 현재 타임스탬프를 기준으로 자동으로 할당된다. image를 아직 사용하지 않았으므로 사용 날짜는 기본적으로 NULL로 설정된다.

```
app.head("/uploads/:image", (req, res) => {
    return res.status(200).end();
});
```

이전의 app.param을 사용해 image가 존재하는지를 확인하므로 image 검사 메서드가 아주 간단해졌다. 이 지점까지 왔다면 이미지가 있다는 것을 이미 알 수 있으므로(req.image에 있다) 단순히 코드 200을 반환하면 된다.

이미지 fetch 메서드를 업데이트하기 전에 서비스를 실험해보자. 콘솔에서 서비스를 시작하면 MySQL 관리 도구에서 데이터베이스를 확인할 수 있다. 필자는 macOS에서 Sequel Pro를 사용한다. 이름에 Pro가 붙어 있지만, 무료 소프트웨어이며 아주 훌륭하다.

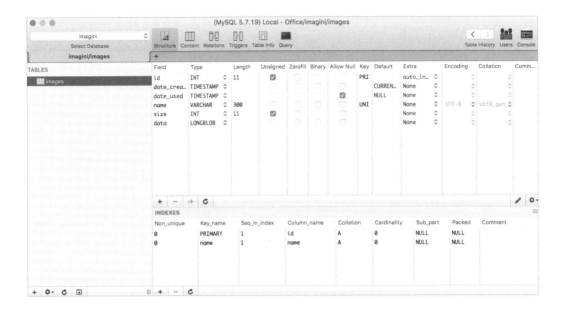

테이블이 생성되었고 우리가 정의한 모든 속성과 인덱스가 있는 것을 볼 수 있다. 이제 image를 다시 업로드해보자.

전과 마찬가지로 성공 상태와 image의 크기를 포함하는 JSON 응답이 반환된다. 다시 Sequel에서 확인
해보면 콘텐츠 탭에서 이미지 데이터를 볼 수 있다.

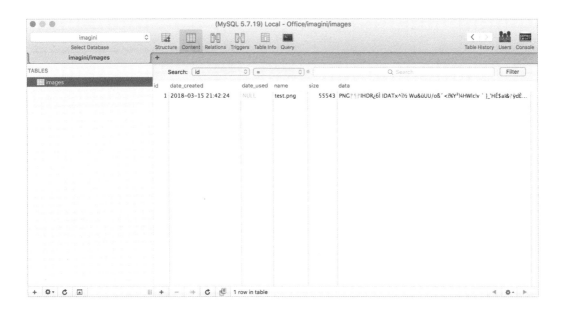

image를 다시 업로드하면 전에는 서비스가 파일을 그냥 덮어썼다. 이제는 고유한 인덱스 때문에 동일한
이름의 INSERT를 거부한다.

잘 작동한다! 여기에서 ER_DUP_ENTRY는 중복 삽입을 의미하는 MySQL 코드다. 이처럼 이미지 덮어쓰기
를 거부할 수 있다.

image가 존재하는지 아닌지를 check 메서드로 확인할 수도 있다.

```
● ● ●                                    2. nazgul.home: /Users/dresende (bash)
~ > curl --head http://localhost:3000/uploads/test.png
HTTP/1.1 200 OK
X-Powered-By: Express
Date: Thu, 15 Mar 2018 21:56:32 GMT
Connection: keep-alive

~ > _
```

다른 이름으로 확인해보면 코드 404가 반환된다.

```
● ● ●                                    2. nazgul.home: /Users/dresende (bash)
~ > curl --head http://localhost:3000/uploads/test.png
HTTP/1.1 200 OK
X-Powered-By: Express
Date: Thu, 15 Mar 2018 21:56:40 GMT
Connection: keep-alive

~ > curl --head http://localhost:3000/uploads/other.png
HTTP/1.1 404 Not Found
X-Powered-By: Express
Date: Thu, 15 Mar 2018 21:56:44 GMT
Connection: keep-alive

~ > _
```

모든 부분이 잘 작동하는 것을 알 수 있다. 이제 image를 조작하는 마지막 메서드를 변경할 차례다. 이 메서드는 이전과 거의 동일한데, 데이터가 이미 사용 가능하므로 image 파일을 읽을 필요가 없다는 점이 다르다.

```javascript
app.get("/uploads/:image", (req, res) => {
    let image =  sharp(req.image.data);

    let width = +req.query.width;

    let height = +req.query.height;

    let blur = +req.query.blur;

    let sharpen = +req.query.sharpen;

    let greyscale = [ "y", "yes", "true", "1", "on"].includes(req.query.greyscale);

    let flip = [ "y", "yes", "true", "1", "on"].includes(req.query.flip);

    let flop = [ "y", "yes", "true", "1", "on"].includes(req.query.flop);


    if (width > 0 && height > 0) {

        image.ignoreAspectRatio();
```

```
    }

    if (width > 0 || height > 0) {
        image.resize(width || null, height || null);
    }

    if (flip) image.flip();
    if (flop) image.flop();
    if (blur > 0) image.blur(blur);
    if (sharpen > 0) image.sharpen(sharpen);
    if (greyscale) image.greyscale();

    db.query("UPDATE images " +
        "SET date_used = UTC_TIMESTAMP " +
        "WHERE id = ?", [ req.image.id ]);

    res.setHeader("Content-Type", "image/" +
        path.extname(req.image.name).substr(1));

    image.pipe(res);
});
```

image 이름의 확장자를 얻기 위해 경로 의존성을 사용한 것을 볼 수 있다. 나머지 부분은 동일하다. 이 메서드가 요청될 때마다 이미지 사용 날짜를 업데이트하는 부분만 추가하면 된다.

웹 브라우저에서 메서드를 테스트하면 이전에 업로드한 이미지를 볼 수 있다.

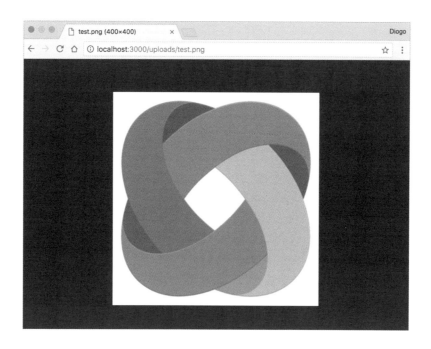

이미지 조작 의존성은 변경하지 않았으므로 블러와 같은 이미지 조작 기능은 이전과 동일하게 작동
한다.

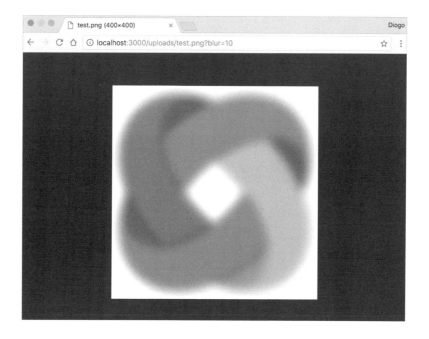

이제 전에는 없던 image 삭제 메서드를 추가해 서비스를 개선해보자. 삭제 메서드에서는 HTTP의 DELETE 동사를 사용해 테이블에서 image를 삭제하면 된다.

```
app.delete("/uploads/:image", (req, res) => {
    db.query("DELETE FROM images WHERE id = ?", [ req.image.id ], (err) => {
        return res.status(err ? 500 : 200).end();
    });
});
```

쿼리에서 오류가 발생하는지만 확인하면 된다. 오류가 발생하면 코드 500(내부 서버 오류)으로 응답하고, 오류가 발생하지 않으면 일반 코드 200으로 응답한다.

마이크로서비스를 재시작하고 image를 삭제해보자.

```
2. nazgul.home: /Users/dresende (bash)
~ > curl -v -X DELETE http://localhost:3000/uploads/test.png
*   Trying ::1...
* TCP_NODELAY set
* Connected to localhost (::1) port 3000 (#0)
> DELETE /uploads/test.png HTTP/1.1
> Host: localhost:3000
> User-Agent: curl/7.54.0
> Accept: */*
>
< HTTP/1.1 200 OK
< X-Powered-By: Express
< Date: Fri, 16 Mar 2018 22:44:08 GMT
< Connection: keep-alive
< Content-Length: 0
<
* Connection #0 to host localhost left intact
~ > _
```

코드 200이 반환되면 제대로 삭제된 것을 알 수 있다. 웹 브라우저에서 이미지를 열려고 하면 다음과 같은 결과가 표시된다.

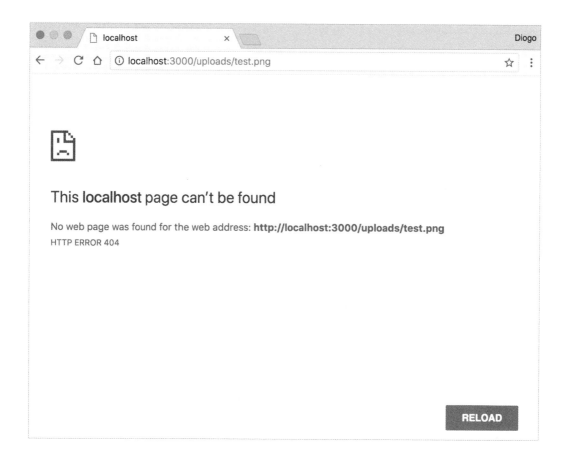

Sequel에서 확인해보면 테이블도 비어 있음을 볼 수 있다.

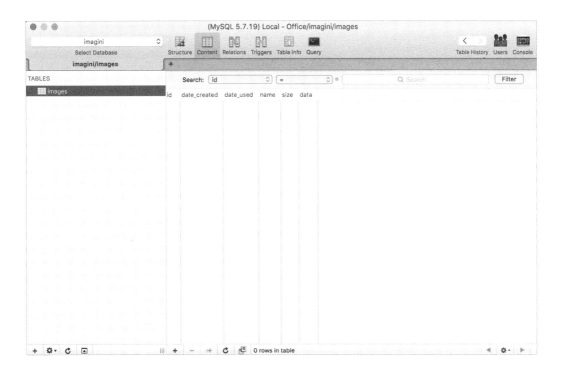

이제 원래 의도대로 재시작하더라도 상태가 지속되는 마이크로서비스를 구축했다. 이 마이크로서비스는 파일 시스템에 대한 의존성이 없으며 데이터베이스만 있으면 어떤 클라우드에도 배포할 수 있다.

MySQL을 다른 데이터베이스로 손쉽게 변경할 수 있으며 **객체 관계 매핑(ORM)** 모듈을 사용해 코드 수정 없이 데이터베이스 서버를 변경할 수 있다. ORM은 다른 유형의 데이터베이스에 접근하는 공통 인터페이스를 사용할 수 있게 해주는 라이브러리다. 일반적으로 이러한 유형의 추상화는 SQL을 아예 사용하지 않고 데이터베이스와의 상호작용을 간단한 쿼리로 제한하는 용도로 사용한다. 이를 통해 다른 데이터베이스 간의 상호운용성을 달성할 수 있다.

데이터베이스로 마이그레이션하면서 생긴 기회를 활용해서 몇 가지 유용한 메서드를 더 추가해보자. 데이터베이스에 대한 통계를 공개하는 메서드를 작성하고 오래된 이미지를 제거해보자.

첫 번째 통계 메서드는 몇 가지 유용한 정보를 포함하는 JSON 구조를 반환한다. 다음과 같은 정보가 포함된다.

- 총 이미지 수

- 이미지의 총 크기

- 서비스가 실행된 시간

- 이미지를 마지막으로 업로드한 시각

다음은 이러한 통계 메서드의 예다.

```
app.get("/stats", (req, res) => {
    db.query("SELECT COUNT(*) total" +
        ", SUM(size) size " +
        ", MAX(date_created) last_created " +
        "FROM images",
    (err, rows) => {
        if (err) {
            return res.status(500).end();
        }

        rows[0].uptime = process.uptime();

        return res.send(rows[0]);
    });
});
```

서비스를 재시작하고 테스트해보자.

```
2. nazgul.lan: /Users/dresende (bash)
~ > curl http://localhost:3000/stats
{"total":0,"size":null,"last_used":null,"uptime":4.957}~ > _
```

여기에서 볼 수 있듯이, 조금 전에 이미지를 삭제했으므로 지금은 이미지가 없다. 이미지가 없으므로 총 크기도 없으며 사용된 날짜도 없다. 서비스는 5초 동안 실행됐다.

다시 이미지를 업로드하면 다음과 같이 다른 결과를 얻는다.

```
2. nazgul.lan: /Users/dresende (bash)
~ > curl http://localhost:3000/stats
{"total":1,"size":55543,"last_used":null,"uptime":961.091}~ >
~ > _
```

오래된 이미지를 삭제하는 두 번째 기능을 위해서는 데이터베이스를 주기적으로 검사해야 한다. 이를 위해 타이머를 사용하고 DELETE 쿼리를 실행한다. 다음 쿼리에 나오는 간격은 예제일 뿐이므로 원한다면 조건을 작성해도 된다.

```
setInterval(() => {
    db.query("DELETE FROM images " +
        "WHERE (date_created < UTC_TIMETSTAMP - INTERVAL 1 WEEK AND date_used IS NULL) " +
        " OR (date_used < UTC_TIMETSTAMP - INTERVAL 1 MONTH)");
}, 3600 * 1000);
```

이 쿼리는 사용된 적은 있지만 지난 한 달 동안 사용되지 않았거나, 사용된 적이 없고 지난 한 주 동안 사용되지 않은 images를 삭제한다. 즉, 업로드한 이미지를 자주 사용하지 않으면 금방 삭제될 수 있다.

물론, 다른 규칙을 적용하거나 별도의 규칙 없이 수동으로 삭제해도 된다. 지금까지 MySQL을 사용한 예를 살펴봤다. 이어서 다른 데이터베이스 서버를 살펴보자.

RethinkDB

이번에는 RethinkDB를 사용해 비관계형 데이터베이스와의 차이점을 알아보자. RethinkDB를 시스템에 설치하지 않은 경우, 공식 설명서(https://www.rethinkdb.com/docs/)의 지침을 참고하여 설치한다. 먼저 서버를 시작한다.

```
rethinkdb
```

그러면 서버가 시작되고 8080 포트에서 아주 멋진 관리 콘솔을 제공한다. 다음과 같이 브라우저에서 열 수 있다.

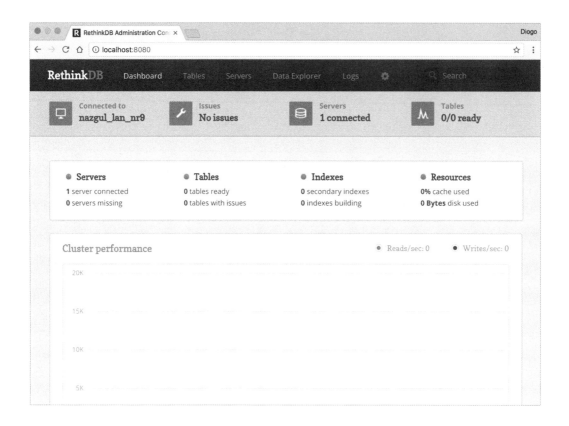

상단의 Tables 섹션을 선택해 데이터베이스를 본다.

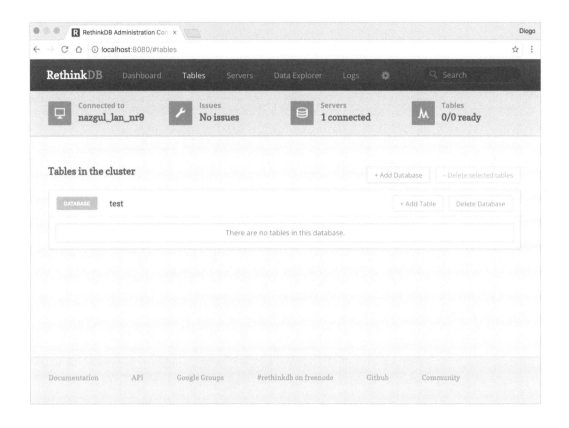

Add Database 버튼을 사용해 imagini라는 데이터베이스를 생성한다. 다음과 같이 데이터베이스가 준비되면 여기에서 할 일은 끝난다.

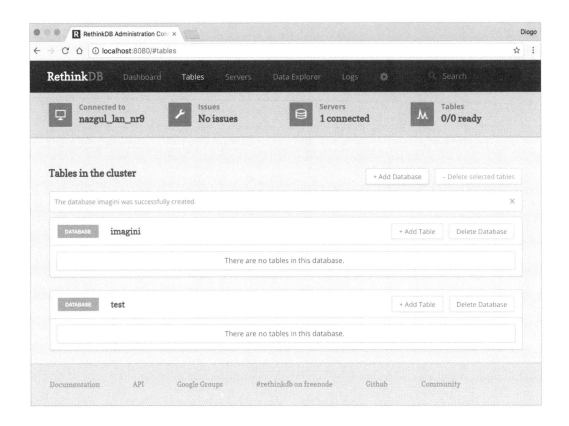

새로 만든 데이터베이스를 사용하려면 rethinkdb 의존성을 설치해야 하며, MySQL 의존성은 이제 삭제할 수 있다.

```
npm uninstall mysql --save
npm install rethinkdb --save
```

다음은 settings 파일을 수정해보자. 이 모듈은 연결 문자열을 받지 않으므로 JSON 구조를 사용한다.

```
{
    "db": {
        "host" : "localhost",
        "db" : "imagini"
```

```
    }
  }
```

의존성을 포함하려면 해당 모듈을 포함하면 된다.

```
const rethinkdb = require("rethinkdb");
```

그리고 다음 코드를 사용해 서버에 연결한다.

```
rethinkdb.connect(settings.db, (err, db) => {
   if (err) throw err;

   console.log("db: ready");

   // ...
   // 나머지 서비스 코드
   // ...

   app.listen(3000, () => {
      console.log("app: ready");
   });
});
```

연결한 후에는 전과 마찬가지로 테이블을 만들 수 있다. 다만 이번에는 구조를 지정할 필요가 없다.

```
rethinkdb.tableCreate("images").run(db);
```

rethinkdb 객체는 테이블을 조작하는 데 사용할 객체이며, db 객체는 연결을 참조하고 조작을 실행할 위치를 지정하는 연결 객체다.

이처럼 서비스를 재시작하면 앞서 만든 데이터베이스에서 새로운 테이블을 볼 수 있다.

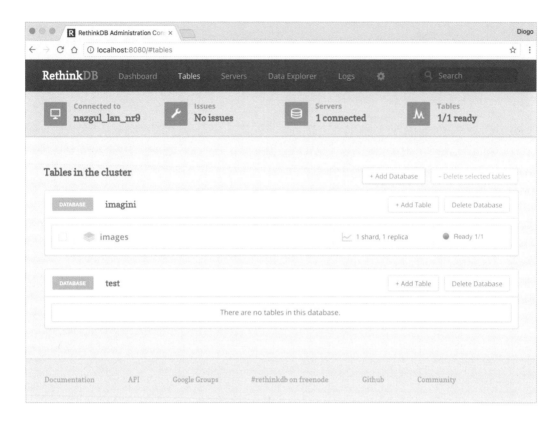

서비스를 다시 재시작하면 이미 존재하는 테이블을 생성하려고 하므로 오류가 발생한다. 즉, 테이블이
존재하는지 확인하고 존재하지 않을 때만 생성해야 한다.

```
rethinkdb.tableList().run(db, (err, tables) => {
    if (err) throw err;

    if (!tables.includes("images")) {
        rethinkdb.tableCreate("images").run(db);
    }
});
```

업로드 메서드는 다음과 같이 약간 변경해야 한다.

```
app.post("/uploads/:name", bodyparser.raw({
    limit : "10mb",
    type : "image/*"
```

```
}), (req, res) => {
    rethinkdb.table("images").insert({
        name : req.params.name,
        size : req.body.length,
        data : req.body,
    }).run(db, (err) => {
        if (err) {
            return res.send({ status : "error", code: err.code });
        }

        res.send({ status : "ok", size: req.body.length });
    });
});
```

이와 같이 서버를 재시작하면 image를 업로드할 수 있게 된다.

MySQL을 사용할 때와 동일한 응답이 반환된다. 관리 콘솔의 **Data Explorer** 섹션으로 이동해서 레코드가 있는지 확인할 수 있다.

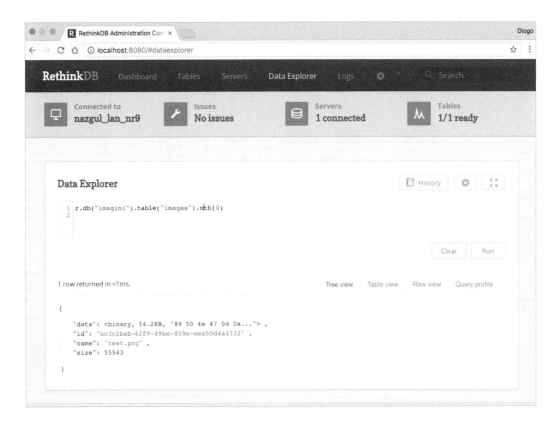

레코드 ID가 숫자가 아닌 UUID(Universally Unique Identifier)임을 볼 수 있다. 이것은 RethinkDB가 샤딩을 지원하며 증분 숫자보다는 고유 식별자가 샤딩하기 쉽기 때문이다(서버가 두 개 이상인 경우 테이블이 자동으로 샤딩된다).

익스프레스 매개변수로 진행해보자.

```
app.param("image", (req, res, next, image) => {
    if (!image.match(/\.(png | jpg)$/i)) {
        return res.status(403).end();
    }

    rethinkdb.table("images").filter({
        name : image
    }).limit(1).run(db, (err, images) => {
        if (err) return res.status(404).end();
```

```
    images.toArray((err, images) => {
        if (err) return res.status(500).end();
        if (!images.length) return res.status(404).end();

        req.image = images[0];

        return next();
    });
  });
});
```

이 변경 사항을 적용하고 서비스를 재시작하면 image가 존재하는지 확인할 수 있다.

```
● ● ●                    2. nazgul.lan: /Users/dresende (bash)
~ > curl --head http://localhost:3000/uploads/test.png
HTTP/1.1 200 OK
X-Powered-By: Express
Date: Sat, 17 Mar 2018 22:04:07 GMT
Connection: keep-alive

~ > _
```

다운로드를 약간 수정해야 하는데, 사용 날짜를 업데이트하는 쿼리를 제거하고 새로운 쿼리로 대체해야
한다.

```
app.get("/uploads/:image", (req, res) => {
    let image =  sharp(req.image.data);
    let width = +req.query.width;
    let height = +req.query.height;
    let blur = +req.query.blur;
    let sharpen = +req.query.sharpen;
    let greyscale = [ "y", "yes", "true", "1", "on"].includes(req.query.greyscale);
    let flip = [ "y", "yes", "true", "1", "on"].includes(req.query.flip);
    let flop = [ "y", "yes", "true", "1", "on"].includes(req.query.flop);

    if (width > 0 && height > 0) {
        image.ignoreAspectRatio();
    }
```

```
    if (width > 0 || height > 0) {
        image.resize(width || null, height || null);
    }

    if (flip) image.flip();
    if (flop) image.flop();
    if (blur > 0) image.blur(blur);
    if (sharpen > 0) image.sharpen(sharpen);
    if (greyscale) image.greyscale();

    rethinkdb.table("images").get(req.image.id).update({ date_used :
    Date.now() }).run(db);

    res.setHeader("Content-Type", "image/" +
    path.extname(req.image.name).substr(1));

    image.pipe(res);
});
```

이제 웹 브라우저를 사용해 이미지를 다운로드할 수 있다.

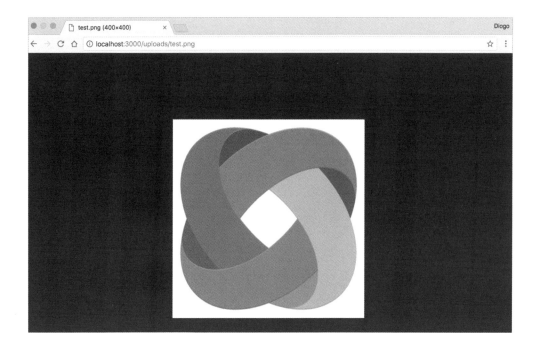

다음은 이미지 제거 메서드를 업데이트해야 한다. 업로드와 마찬가지로 간단하다.

```
app.delete("/uploads/:image", (req, res) => {
    rethinkdb.table("images").get(req.image.id).delete().run(db, (err) => {
        return res.status(err ? 500 : 200).end();
    });
});
```

이번에는 이미지 고유 ID를 사용해 제거했다. curl 명령을 이용해 다시 시도해보면 코드 200이 반환된다.

테이블의 첫 번째 레코드를 얻으려고 하면 아무것도 없는 것을 볼 수 있다.

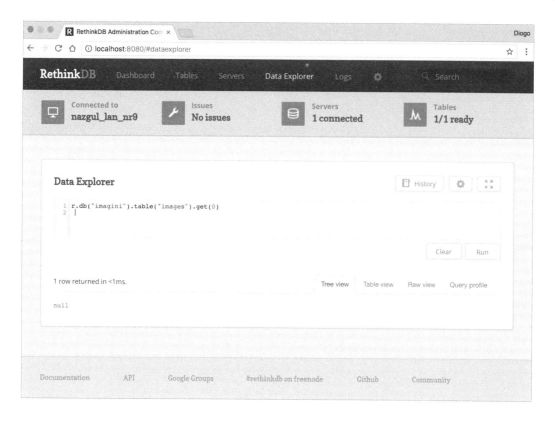

마지막으로 MySQL을 소개한 후 추가한 두 기능으로 통계 표시 기능과 오래된 이미지 삭제 기능이 있었다.

통계 메서드는 집계를 사용한 SQL 쿼리를 실행하는 것보다 복잡하며 각 통계 수치를 직접 계산해야 한다.

```
app.get("/stats", (req, res) => {
    let uptime = process.uptime();

    rethinkdb.table("images").count().run(db, (err, total) => {
        if (err) return res.status(500).end();

        rethinkdb.table("images").sum("size").run(db, (err, size) => {
            if (err) return res.status(500).end();

            rethinkdb.table("images").max("date_created").run(db, (err, last_created) => {
```

```
            if (err) return res.status(500).end();

            last_created = (last_created ? new Date(last_created.date_created) : null);

            return res.send({ total, size, last_created, uptime });
        });
      });
    });
  });
```

실행하면 전과 비슷한 결과를 얻는다.

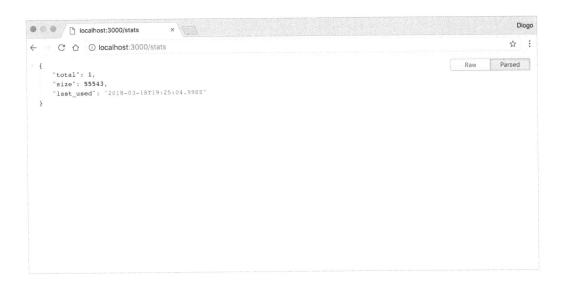

오래된 이미지를 제거하는 것도 그리 어렵지 않다. 다음과 같이 이미지를 필터링하면서 기준보다 오래된
이미지를 제거하면 된다.

```
setInterval(() => {
    let expiration = Date.now() - (30 * 86400 * 1000);

    rethinkdb.table("images").filter((image) => {
        return image("date_used").lt(expiration);
    }).delete().run(db);
}, 3600 * 1000);
```

이번에는 전보다 간단한 규칙을 적용해서 1달(30일 * 86,400시간 * 1,000밀리초)보다 오래된 images를 삭제했다.

레디스(Redis)

인-메모리 데이터베이스는 일반적으로 비구조적이므로 테이블이 없기 때문에 앞의 두 데이터베이스를 사용할 때와는 작업 방법에 차이가 있다. 일반적으로 일종의 리스트를 대상으로 조회 및 조작하거나 제공되는 간단한 해시 테이블을 사용해 작업한다.

앞서 히드라용으로 설치한 레디스 인스턴스를 활용하여 이러한 종류의 데이터베이스가 가진 단점이자 특징을 살펴보자. 레디스 인스턴스에 연결하고 다음 그림의 명령을 차례로 실행한다.

```
● ● ●                    1. nazgul.home: /Users/dresende (redis-cli)
~ > redis-cli
127.0.0.1:6379> get counter
(nil)
127.0.0.1:6379> incr counter
(integer) 1
127.0.0.1:6379> incr counter
(integer) 2
127.0.0.1:6379> get counter
"2"
127.0.0.1:6379> shutdown
not connected>
~ > redis-server --daemonize yes
20676:C 19 Mar 21:14:28.654 # oO0OoO0OoO0Oo Redis is starting oO0OoO0OoO0Oo
20676:C 19 Mar 21:14:28.655 # Redis version=4.0.6, bits=64, commit=00000000, modified=0, pid=20676, just started
20676:C 19 Mar 21:14:28.655 # Configuration loaded
~ > redis-cli
127.0.0.1:6379> get counter
(nil)
127.0.0.1:6379> _
```

여기에서 수행한 작업은 다음과 같다.

1. redis-cli를 사용해 레디스 서비스에 연결한다.

2. 카운터의 내용을 얻는다. 아직 정의하지 않았으므로 현재는 nil이다.

3. 카운터를 증가시킨다. 그러면 자동으로 카운터가 정의되고 1로 설정된다.

4. 카운터를 다시 증가시킨다. 이제 2가 된다.

5. 카운터의 내용을 얻는다. 물론 2가 반환된다.

6. 레디스 서비스를 종료한다.

7. 레디스 서비스를 시작한다.

8. 레디스 서비스에 다시 연결한다.

9. 카운터의 내용을 얻는다. nil이 반환된다.

카운터는 어디로 갔을까? 레디스는 인-메모리 데이터베이스이므로 레디스 서비스를 종료하면 모든 정보가 사라진다. 이것이 거의 모든 인-메모리 데이터베이스의 기본 개념이다.

인-메모리는 빠르게 저장하도록 설계됐다. 인-메모리 데이터베이스의 목적은 복잡한 계산과 같이 가져오는 비용이 많이 드는 데이터나 다운로드하는 비용이 많이 드는 데이터를 메모리에 저장해서 빠르게 가져오는 것이다.

솔직하게 말하면 레디스에도 서비스 재시작 사이에 데이터를 저장하는 기능이 있다. 그러면 이것을 마이크로서비스 상태를 저장하는 데 어떻게 사용할 수 있는지 확인해보자.

전과 마찬가지로 rethinkdb를 제거하고 redis 모듈을 설치한다.

```
npm uninstall rethinkdb --save
npm install redis --save
```

settings.json 파일은 무시하고(원한다면 제거해도 된다) 레디스가 로컬 머신에서 실행된다고 가정한다.

먼저 redis 모듈을 포함하고 Client 인스턴스를 생성해야 한다.

```
const redis = require("redis");
const db = redis.createClient();
```

그런 다음 연결될 때까지 잠시 기다린다.

```
db.on("connect", () => {
  console.log("db: ready");

  // ...
  // 나머지 서비스 코드
  // ...

  app.listen(3000, () => {
    console.log("app: ready");
  });
});
```

레디스를 사용해 데이터를 저장하는 방법에는 몇 가지가 있다. 테이블이 없으므로 간단하게 해결할 수 있도록 해시를 사용해 이미지를 저장해보자. 이미지마다 다른 해시를 가지며 해시의 이름은 이미지의 이름이 된다.

이러한 데이터베이스 유형에는 테이블이 없으므로 초기화 코드는 제거해도 된다.

다음은 레디스에 데이터를 저장하도록 업로드 메서드를 수정한다. 앞서 언급했듯이 image의 이름으로 해시에 저장한다.

```
app.post("/uploads/:name", bodyparser.raw({
    limit : "10mb",
    type : "image/*"
}), (req, res) => {
    db.hmset(req.params.name, {
        size : req.body.length,
        data : req.body.toString("base64"),
    }, (err) => {
        if (err) {
            return res.send({ status : "error", code: err.code });
        }

        res.send({ status : "ok", size: req.body.length });
    });
});
```

hmset 명령으로 해시의 여러 필드를 설정할 수 있는데, 이 예에서는 size와 data를 설정한다. 이미지 내용을 base64 인코딩으로 저장한다는 데 주의하자. 그렇지 않으면 데이터가 손실된다. 서비스를 재시작하고 테스트 image를 업로드해보면 정상적으로 잘 작동한다.

```
~ > curl -H 'Content-Type: image/png' --data-binary @example.png http://localhost:3000/uploads/test.png
{"status":"ok","size":55543}~ >
```

이어서 redis-cli를 이용해 이미지가 잘 처리됐는지 확인한다. 다음과 같이 해시에 크기 필드가 있는지, 그리고 이미지 크기와 일치하는지 확인한다.

잘 작동한다! 이제 익스프레스 매개 변수를 변경하여 image 해시를 찾도록 한다.

```
app.param("image", (req, res, next, name) => {
   if (!name.match(/\.(png|jpg)$/i)) {
      return res.status(403).end();
   }

   db.hgetall(name, (err, image) => {
      if (err || !image) return res.status(404).end();

      req.image = image;
      req.image.name = name;

      return next();
   });
});
```

이제 image 검사 메서드가 작동한다. 또한 다운로드 메서드가 작동하게 하려면 base64 인코딩한 데이터를 디코딩하도록 이미지 로딩 코드를 수정해야 한다.

```
app.get("/uploads/:image", (req, res) => {
   let image = sharp(Buffer.from(req.image.data, "base64"));
   let width = +req.query.width;
   let height = +req.query.height;
   let blur = +req.query.blur;
   let sharpen = +req.query.sharpen;
   let greyscale = [ "y", "yes", "true", "1", "on"].includes(req.query.greyscale);
   let flip = [ "y", "yes", "true", "1", "on"].includes(req.query.flip);
   let flop = [ "y", "yes", "true", "1", "on"].includes(req.query.flop);

   if (width > 0 && height > 0) {
      image.ignoreAspectRatio();
   }
```

```
    if (width > 0 || height > 0) {
        image.resize(width || null, height || null);
    }

    if (flip) image.flip();
    if (flop) image.flop();
    if (blur > 0) image.blur(blur);
    if (sharpen > 0) image.sharpen(sharpen);
    if (greyscale) image.greyscale();

    db.hset(req.image.name, "date_used", Date.now());

    res.setHeader("Content-Type", "image/" + path.extname(req.image.name).substr(1));

    image.pipe(res);
});
```

이제 레디스에서 이미지가 제공된다. 또한 image 해시의 date_used 필드를 추가 및 업데이트하여 이미지의 마지막 사용 시각을 알 수 있게 했다.

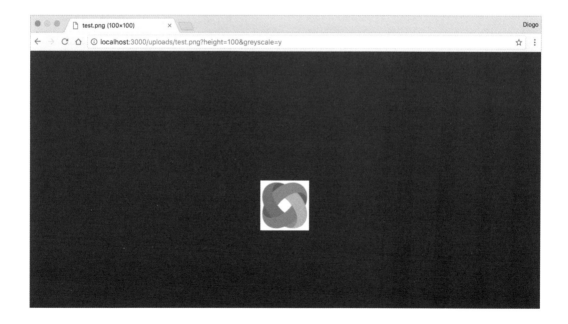

image를 제거하려면 간단하게 해시를 제거하면 된다.

```
app.delete("/uploads/:image", (req, res) => {
    db.del(req.image.name, (err) => {
        return res.status(err ? 500 : 200).end();
    });
});
```

다음과 같이 test 이미지를 제거한다.

```
~ > curl -v -X DELETE http://localhost:3000/uploads/test.png
*   Trying ::1...
* TCP_NODELAY set
* Connected to localhost (::1) port 3000 (#0)
> DELETE /uploads/test.png HTTP/1.1
> Host: localhost:3000
> User-Agent: curl/7.54.0
> Accept: */*
>
< HTTP/1.1 200 OK
< X-Powered-By: Express
< Date: Mon, 19 Mar 2018 22:07:52 GMT
< Connection: keep-alive
< Content-Length: 0
<
* Connection #0 to host localhost left intact
~ > _
```

다음과 같이 redis-cli를 사용해 해시가 제거된 것을 확인할 수 있다.

```
~ > redis-cli
127.0.0.1:6379> get test.png
(nil)
127.0.0.1:6379> _
```

이제 통계 기능과 오래된 이미지 제거 기능만 추가하면 된다.

일반 해시 테이블을 사용하므로 통계 기능을 만들기는 어려울 수 있다. 정의된 해시 테이블의 수는 물론 전체 또는 일부에 이미지 데이터가 있는지 확신할 수 없다. 대규모 집합의 경우 전체 해시 테이블을 검색하는 작업이 상당히 복잡하다.

오래된 이미지를 제거하는 기능도 특정 조건(예: 필드 값)에 맞는 해시 테이블을 찾을 방법이 없다는 동일한 문제가 있다.

이 문제를 해결하는 다른 방법도 있다. 예를 들어, 이미지 이름과 사용 날짜만 저장하는 추가 해시 테이블을 사용할 수 있다. 그러나 이 방법은 복잡성이 높아지며, 무엇보다 ACID(원자성, 일관성, 격리성, 지속성)에 대한 보장 없이 정보를 다른 테이블로 분할하는 데 따른 위험성이 있다.

결론

지금까지 살펴본 것처럼 마이크로서비스의 상태를 저장하는 데는 여러 옵션이 있다. 조작하려는 정보의 유형에 따라 더 잘 처리할 수 있는 적절한 데이터베이스를 선택해야 한다.

올바른 데이터베이스를 선택하려면 다음의 몇 가지 사항을 고려해야 한다.

- 데이터 무결성이 중요한가?

- 데이터 구조가 복잡한가?

- 어떤 정보를 어떻게 얻어야 하는가?

데이터 무결성이 중요하거나 데이터 구조가 복잡한 경우 인-메모리 데이터베이스는 권장되지 않는다. 데이터의 복잡성을 기준으로 비관계형 데이터베이스가 필요한지, 또는 더 복잡한 조작과 데이터 집계 작업을 처리할 수 있는 관계형 데이터베이스를 선택할지 판단한다. 이 경우 마지막 목표를 달성하는 데도 도움이 된다.

보안

최종적으로 서비스에 추가할 모든 기능을 고려하면서 작은 기능을 추가하거나 개선할 때마다 코드 작성과 테스트를 반복하는 것이 바람직하다.

서비스 로드맵을 생각하면 향후 개선이 가능하도록 서비스를 준비하고, 나중에 낭비되거나 교체되는 코드의 양을 줄일 수 있다.

예를 들어 보안 측면에서 다음과 같은 사항을 고려한다.

- 서비스가 안전한가? 여러 유형의 악의적 공격에 대비하고 있는가?

- 서비스가 개인 정보와 연관되는가? 인증이나 권한 부여 메커니즘을 구현해야 하는가?

다행히 여기서 사용할 프레임워크는 코드를 작성하고 나중에 보안 레이어를 추가할 수 있게 해준다. 예를 들어, 익스프레스나 히드라를 사용하면 모든 서비스 메서드보다 먼저 실행되는 선행 라우팅 함수를 추가해 인증 등의 기능을 쉽게 구현할 수 있다.

예제 서비스의 경우 HTTP를 사용해 메서드를 공개하므로 다음과 같은 몇 가지 사항을 개선할 수 있다.

- **인증**: 서비스 사용을 위해 인증을 요구하거나 업로드와 제거 메서드에만 인증을 요구할 수 있다. 선택은 각자의 몫이다. 사용자 계정을 구현해서 사용자별로 다른 이미지 목록을 표시할 수도 있다.
- **권한 부여**: 인증 여부와 별도로 네트워크에 따라 서비스 접근을 제한할 수 있다.
- **비밀 유지**: 네트워크 트래픽을 엿보려는 시도로부터 사용자를 보호할 수 있다.
- **가용성**: 단일 클라이언트가 전체 서비스를 차단하지 못하도록 서비스의 최대 사용 빈도를 클라이언트별로 제한할 수 있다.

이렇게 개선된 기능을 추가하려면 패스포트(Passport) 모듈과 같은 인증 모듈을 추가하거나 인증서를 사용해 사용자에게 더 안전한 HTTPS 경험을 제공하면 된다.

그러나 여러분이 작성한 코드에 의한 보안 결함은 인증서를 추가하거나 인증을 요구하더라도 해결되지 않는다. 여기서 말하는 사항은 다음과 같다.

- 버그, 프로그래밍 논리 결함, 제대로 테스트하지 않은 사용 사례(크고 작은 문제를 유발할 수 있음)
- 의존성 버그는 인식하기 쉽지 않지만, 서비스를 망치는 원인일 수 있으며, 심각하면 대체 의존성을 찾아야 할 수 있다.

이러한 상황을 최소화하려면 개발을 진행하는 동안 테스트 스위트를 계속 개선하고 사용 사례를 추가해서 해결되지 않은 새로운 버그가 나중에 드러나지 않게 해야 한다. 의존성 버그와 관련해서는 노드 보안 프로젝트(Node Security Project)를 구독하고 더 나아가 코드에 통합하면 의존성 문제를 항상 알 수 있다.

코드를 작성할 때 중요한 네 가지 원칙은 다음과 같다.

- 코드를 단순하게 유지한다. 코드가 복잡하다고 느껴지면 코드 작성을 일단 중지하고 코드를 작은 부분으로 나눈다.

- 외부 입력은 사용자 입력이든 다른 서비스 입력이든 유효성을 검사한다. 외부 데이터를 검증 없이 사용해서는 안 된다.

- 리소스에 대한 접근 권한이 있는 사용자에게만 허용하고 나머지는 기본적으로 거부한다.

- 프로젝트의 시작 단계부터 테스트 사례를 추가한다.

요약

상태는 어떤 서비스에나 있으며, 데이터에 기반을 둔다. 클라우드 중심의 환경에 맞는 서비스를 만들려면 기존의 파일 시스템에 의존할 수 없으며 다른 종류의 저장소 구조를 사용해 데이터를 저장해야 한다. 데이터베이스는 이를 위한 자연스러운 선택이며 데이터의 중요성과 복잡성에 따라 여러 유형의 데이터베이스 중에서 선택할 수 있다.

상태를 데이터베이스 서비스에 안전하게 저장한 후에는 데이터가 다른 서비스에 의해 손상되지 않게 보호하는 것이 중요하다. 직접 작성한 서비스 코드의 보안 결함 때문에 데이터가 위험해질 수도 있으므로 항상 간결한 코드를 작성하고, 입력을 검사하며, 서비스 로드맵을 계획하면서 보안을 염두에 두는 것이 필요하다.

이제 서비스를 개선하기 위해 꼭 필요하지만, 아직 다루지 않은 올바른 테스트 스위트에 대해 알아볼 차례다. 5장에서는 몇 가지 권장 옵션을 소개하며, 서비스를 최대한 안전하게 만들기 위해 필요한 변경 사항이 있는지 알아본다.

테스트

애플리케이션을 개발하는 과정에서 애플리케이션은 최종적으로 하나의 구조를 형성하며 실무에서 사용하거나 고객에게 판매할 수 있는 안정적인 제품이 된다. 처음에는 모든 것이 단순해 보이기 때문에 올바른 테스트 스위트를 구축하는 것을 뒤로 미루는 경우가 많다.

> *"디버깅은 코드를 작성하는 것보다 두 배는 더 어렵다."*
>
> —브라이언 W. 커니앤과 P. J. 플라우거 《The Elements of Programming Style》

나중에는 테스트를 망설이게 될 만큼 애플리케이션이 복잡해지고 결국에는 아예 애플리케이션을 테스트하는 것을 포기하게 될 수 있다. 아직 테스트 스위트를 사용해본 경험이 없다면 까다롭게 느껴질 수 있다.

올바른 테스트가 그저 약간의 품질 보증만 제공하는 것은 아니다. 올바른 테스트는 다음과 같은 장점을 제공한다.

- **예측 가능성**: 애플리케이션 전체나 모듈의 코드 실행에서 예측된 결과가 나온다는 뜻이다. 테스트를 발전시키고 다양한 테스트 케이스를 도입하면 코드의 모든 용도를 충족하고 결과가 의도한 대로 유지되는지 확인할 수 있다.

- **기능 커버리지**: 코드에서 테스트 되는 부분과 그렇지 않은 부분을 측정할 수 있다는 의미다. 코드를 조사하고 테스트 스위트에 사용되지 않은 부분을 알려주는 도구가 많이 있으며, 이러한 도구를 활용하면 테스트 되지 않은 코드의 특정 부분을 위한 특정한 테스트를 작성할 수 있다.

- **안전한 발전**: 이것은 부수적인 효과다. 테스트 스위트의 코드 커버리지가 좋다면 코드가 복잡하더라도 테스트 스위트를 실행하여 문제를 쉽게 찾을 수 있으므로, 안정성을 저해하지 않고 코드를 변경하거나 기능을 추가할 수 있다.

새로운 기능을 위한 테스트를 먼저 만든 후, 코드를 작성하고 테스트하는 개발 방법론도 있다. 이렇게 하면 코드를 (새 테스트에서) 사용하려는 방법에 중점을 두고 실제로 개발할 수 있으며, 결과적으로 테스트 실패가 줄어들고 올바른 결과를 얻을 수 있다.

몇 가지 테스트 방법론을 살펴본 다음, 첫 번째 테스트를 작성한다. 그다음은 코드 커버리지가 테스트 프로세스에서 어떻게 도움이 되는지 확인한다. 마지막으로 코드의 일부를 모형으로 만드는 방법을 배운다.

테스트 방법론의 유형

테스트 방법론에는 몇 가지 유형이 있다. 특정한 작업으로 애플리케이션에 스트레스를 가하고 성능을 측정하여 원하는 수준의 성능이 나오는지 확인하는 테스트도 있다. 이러한 테스트도 물론 중요하지만, 처음부터 성능이 중요한 것은 아니므로 이보다는 다른 테스트에 중점을 둬야 한다.

우리의 목적은 코드가 설계한 대로 작동하는지 확인하는 테스트 스위트를 만드는 것이다. 이를 위해서는 다음과 같이 해야 한다.

- 일부 함수와 같은 개별 코드 단위를 검사하는 단위 테스트(unit test)를 한다.
- 외부 작업이 원하는 결과를 생성하는지 검사하는 통합 테스트(integration test)를 한다.

이러한 두 유형의 테스트를 사용하고 완전한 코드 커버리지를 갖추면 새로운 기능을 개발하고 회귀 테스트(regression test)를 수행할 수 있다. 간단히 말해 테스트 스위트가 통과하고 새로운 코드에 고장이 없다는 것이다(회귀가 없다).

이러한 회귀 테스트는 시스템에서 테스트 스위트를 실행한 결과가 정상이고 깃허브에 코드를 제출했을 때 볼 수 있다. 트래비스(Travis)는 다른 환경에서 동일한 테스트 스위트를 실행하여 아무 문제가 없는지 확인한다. 깃허브에서 풀 요청을 위해 푸시하는 경우 모든 테스트 결과가 통과하기 전까지 변경 사항을 병합할 수 없다.

완전한 테스트 커버리지를 달성하려면 애플리케이션을 작성한 것과 동일한 언어(이 경우 Node.js)로 테스트 케이스를 작성해야 한다. 필수는 아니지만, 테스트 케이스를 실행하는 데 사용되는 많은 도구가 같은 언어를 사용하면 다른 개발자에게 친숙한 환경이 마련된다.

오픈 소스 모듈에서는 다른 개발자가 문제를 찾고 수정하려는 경우가 흔히 있다. 타사 소프트웨어를 설치해야 하는 테스트 프레임워크를 사용하면 문제를 해결하는 데 흥미를 잃을 수 있다. 반면에 사용자가 리포지토리를 복제하고 해결한 후 테스트를 실행하는 것이 전부라면 훨씬 편안한 환경이 마련될 것이다.

프레임워크 사용

Node.js에 사용할 수 있는 몇 가지 프레임워크가 있다. 이러한 프레임워크는 테스트 케이스에 집중할 수 있는 환경을 만들어준다. 일부 프레임워크는 코드 커버리지를 어느 정도 자동으로 수행하기도 한다.

가장 많이 사용되는 프레임워크로 간단하면서도 강력한 모카(mocha)가 있다. 모카는 범용 단위 테스트로 사용되지만 느린 테스트를 식별할 수 있으므로 성능 테스트로도 사용할 수 있다.

예제 마이크로서비스를 테스트할 수 있게 준비해보자. 사용하는 스토리지 모델이 중요한 것이 아니라 마이크로서비스 인터페이스가 중요하므로 지금까지 작성한 어떤 버전을 사용해도 관계없다. 먼저 개발 의존성으로 mocha를 설치한다. 또한 HTTP 테스팅을 위한 플러그인을 가진 chai라는 어설션 라이브러리를 사용한다.

```
npm install --save-dev mocha chai chai-http
```

그다음 package.json 파일의 scripts 부분을 다음과 같이 업데이트한다.

```
"scripts": {
  "test": "node test/run"
},
```

이 부분은 예제 마이크로서비스를 테스트하려면 node test/run 명령을 실행해야 한다는 것을 npm에 알려준다. 다음은 실제로 테스트를 실행할 수 있게 이 파일(test/run.js)을 만들 차례다. test 폴더를 만들고 run.js 파일을 추가한 후, 다음과 같이 한 행을 추가한다.

```
console.log("ok");
```

이제 콘솔의 마이크로서비스 폴더에서 test 명령을 실행한다.

```
npm test
> imagini@1.0.0 test /Users/dresende/imagini
> node test/run

Ok
```

첫 번째 단계가 끝났다. 실제 테스트는 아니지만, 테스트를 위한 초기 구조를 만들었다.

테스트 통합

다음은 첫 번째 통합 테스트를 만든다. 각 테스트는 별도로 실행된다. 즉, 다른 테스트에 의존하지 않아야 하며 예측 가능한 워크플로를 따라야 한다. 먼저 모든 테스트 파일을 실행하도록 run.js 파일을 변경해야 한다. 이를 위해 mocha를 사용해 integration 폴더에 있는 모든 파일을 추가한다.

```
const fs = require("fs");
const path = require("path");
const mocha = require("mocha");
const suite = new mocha();

fs.readdir(path.join(__dirname, "integration"), (err, files) => {
    if (err) throw err;

    files.filter((filename) =>
    (filename.match(/\.js$/))).map((filename) => {
        suite.addFile(path.join(__dirname, "integration", filename));
    });

    suite.run((failures) => {
        process.exit(failures);
    });
});
```

그다음은 test 폴더에 integration 폴더를 만들고 첫 번째 테스트 파일인 image-upload.js를 만든다. 이 파일에 다음과 같은 내용을 추가한다.

```
describe("Uploading image", () => {
    it("should accept only images");
});
```

이제 테스트를 다시 실행하면 통과 테스트나 실패 테스트가 없는 기본 mocha 응답이 표시된다.

```
npm test
> imagini@1.0.0 test /Users/dresende/imagini
> node test/run


0 passing (2ms)
```

코드를 반복하지 않도록 test 폴더에 tools.js 파일을 만들고 모든 테스트 파일에서 사용할 수 있는 공통적인 작업을 내보내자. 기본적으로 생각하는 작업은 마이크로서비스의 위치와 샘플 파일이다.

```
const fs = require("fs");
const path = require("path");

exports.service = require("../imagini.js");
exports.sample = fs.readFileSync(path.join(__dirname, "sample.png"));
```

test 폴더에 sample.png 이미지를 만든다. 테스트가 이미지를 업로드해야 하는 경우 이 샘플을 사용한다. 향후에는 성능과 제한을 테스트하기 위해 다른 종류의 샘플(예: 거대한 이미지)을 사용할 수 있다.

chai 사용

마이크로서비스에도 약간의 수정이 필요하다. 해당 앱을 내보내야 chai의 HTTP 플러그인이 이를 로드하고 별도의 콘솔에서 실행하지 않고도 테스트할 수 있다. 마이크로서비스 파일의 끝에 다음 행을 추가한다.

```
module.exports = app;
```

이제 다음 스크린샷과 비슷한 폴더 계층이 있어야 한다.

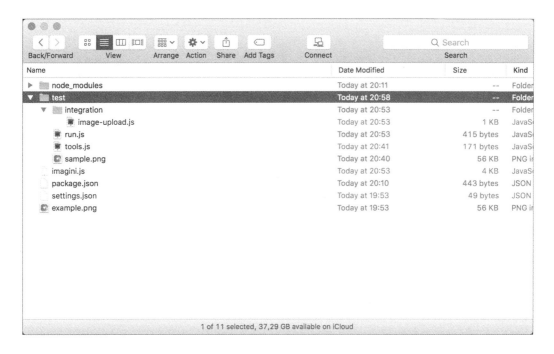

첫 번째 실제 테스트를 생성하기 위해 image-upload.js 테스트 파일을 변경해야 한다.

```
const chai = require("chai");
const http = require("chai-http");
const tools = require("../tools");

chai.use(http);

describe("Uploading image", () => {
    beforeEach((done) => {
        chai
        .request(tools.service)
        .delete("/uploads/test_image_upload.png")
        .end(() => {
            return done();
        });
    });
```

```
    it ("should accept a PNG image", function (done) {
        chai
        .request(tools.service)
        .post("/uploads/test_image_upload.png")
        .set("Content-Type", "image/png")
        .send(tools.sample)
        .end((err, res) => {
            chai.expect(res).to.have.status(200);
            chai.expect(res.body).to.have.status("ok");

            return done();
        });
    });
});
```

가장 먼저 tools 파일과 chai 모듈을 포함하는 것으로 시작한다.

```
const chai = require("chai");
const http = require("chai-http");
const tools = require("../tools");

chai.use(http);
```

테스트 파일의 설명을 Uploading image로 지정한다.

```
describe("Uploading image", () => {
```

이미지 업로드와 관련하여 생각할 수 있는 여러 사용 사례를 추가할 것이다.

이 안에서는 이 파일의 각 테스트 전에 호출되는 mocha 메서드 beforeEach를 사용한다. 테스트가 일관적이어야 하므로 각 테스트를 실행하기 전에 이미지를 제거하는 메서드를 추가한다. 이미지가 기존에 존재하는지 아닌지는 신경 쓰지 않는다.

```
beforeEach((done) => { chai
    .request(tools.service)
    .delete("/uploads/test_image_upload.png")
```

```
    .end(() => {
        return done();
    });
});
```

마이크로서비스를 가리키는 tools.service를 사용한 것에 주의하자. 나중에 이름을 변경하거나 다소 복잡하게 만든 경우 tools 파일을 변경하면 잘 작동한다.

다음은 첫 번째 integration 파일의 테스트로서 간단한 이미지 업로드를 추가했다.

```
it("should accept a PNG image", (done) => {
    chai
    .request(tools.service)
    .post("/uploads/test_image_upload.png")
    .set("Content-Type", "image/png")
    .send(tools.sample)
    .end((err, res) => {
        chai.expect(res).to.have.status(200);
        chai.expect(res.body).to.have.status("ok");

        return done();
    });
});
```

이 테스트는 HTTP 응답이 200인지, 그리고 JSON 구조인 응답 본문의 status 속성이 ok로 설정됐는지 검사한다. 이것으로 끝이다!

테스트 스위트를 다시 실행하고 결과를 확인한다.

```
● ● ●                    1. nazgul.local: /Users/dresende/imagini (bash)
~/imagini > npm test

> imagini@1.0.0 test /Users/dresende/imagini
> node test/run


  Uploading image
    ✓ should accept a PNG image


  1 passing (59ms)

~/imagini > _
```

코드 커버리지 추가

이제 테스트 스위트가 작동하며, 테스트도 하나 만들었다. 다음으로 코드 커버리지를 추가해보자. 개발 시작 단계에 코드 커버리지를 추가하기는 아주 쉬우며, 테스트해야 하는 코드의 부분에 집중하는 데 도움이 된다. 특히 특정 조건(예: 예제 코드의 if-then-else 문)을 포함하는 사용 사례에 유용하다. 개발 시작 단계에 모든 것을 설정하기는 쉽다. 반면, 완전히 작동하는 코드에 테스트 커버리지를 추가하기는 어려우며 시간이 오래 걸린다.

코드 커버리지를 추가하기 위해 다른 모듈을 추가해보자. 다음과 같이 전역으로 설치하여 테스트가 이를 직접 사용해 실행할 수 있게 한다.

```
npm install -g nyc
```

이제 다음과 같은 도구를 사용해 테스트를 실행할 수 있다.

```
nyc npm test
```

그러면 설치된 도구를 사용해 테스트가 실행되며, 다음과 같이 깔끔한 콘솔 보고서가 출력된다.

이 커버리지 결과는 .nyc_output 폴더에 저장되므로 테스트를 다시 실행하지 않아도 최근 테스트 결과를 볼 수 있다. 이 기능은 테스트 스위트가 크고, 실행하는 데 시간이 오래 걸릴 때 유용하다.

결과를 보려면 nyc report를 실행하면 된다.

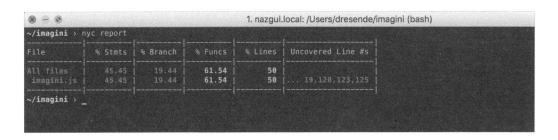

콘솔 보고서가 결과로 표시된다. 이밖에도 여러 다른 스타일의 보고서가 있는데, 그중에서도 html 보고서가 유용하다. 이 보고서를 생성해보자.

```
nyc report --reporter=html
```

이제 coverage 폴더에 index.html 파일이 있을 것이다. 브라우저에서 이 파일을 열면 다음과 비슷한 결과를 볼 수 있다.

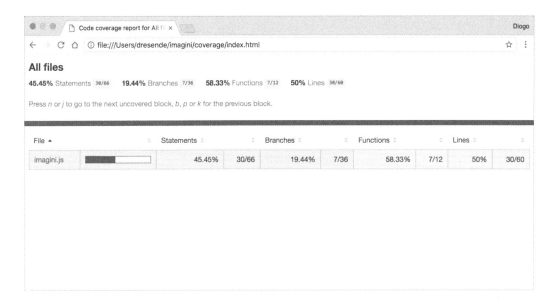

현재는 예제 마이크로서비스를 나타내는 파일 하나만 있지만, 파일이 더 있는 경우 계층적으로 나열된다. 파일별로 전역 평균 통계가 표시된다.

다음과 같이 세 가지 중요한 열이 있다.

- Statements(문): 코드 문(조건, 할당, 어설션, 호출 등)을 나타낸다.

- Branches(분기): if–then–else 또는 switch–case 문과 같은 코드 제어 워크플로를 나타낸다.

- Functions(함수): 코드 함수와 콜백을 나타낸다.

파일을 클릭하고 세부 사항을 확인할 수 있으며 코드와 정보를 행 단위로 살펴볼 수 있다.

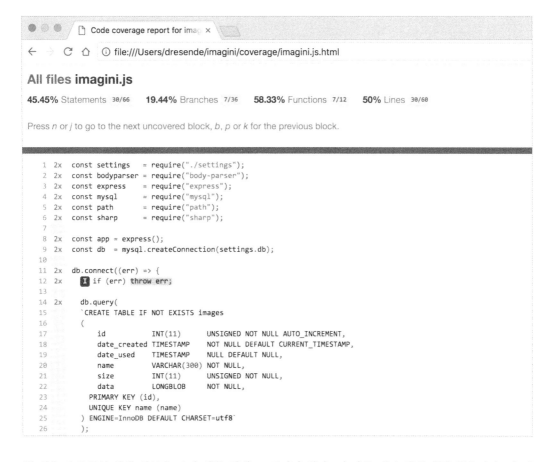

행 번호 오른쪽의 회색 영역을 보면 일부 행에 2x 표시가 있다. 이 값은 해당 행의 실행 횟수이며, 이 경우 해당 행이 2번 실행된 것을 알 수 있다. 많이 실행되는 코드를 찾아 최적화하려는 경우가 아니면 당장은 중요하지 않다.

*12*행에는 두 가지 다른 점이 있다. 첫 번째로 이 책에서는 색을 확인할 수 없지만 throw err의 배경색이 분홍색이다. 이것은 이 문이 실행되지 않았다는 의미인데, 데이터베이스 연결에 성공했으므로 정상이다. if 문 앞에 붙은 표시는 이 조건이 실행되지 않았다는 의미다.

아래쪽으로 스크롤 하면 이 표시가 붙은 행이 더 있다. 예를 들어 이미지 업로드 메서드는 거의 완전히 커버되며, 오류 처리 문만 누락됐다.

테스트를 실행하기 전에 테스트 이미지를 삭제하므로 이미지 삭제 메서드 역시 커버된다. 이 메서드에서도 데이터베이스가 DELETE 쿼리에 대해 오류를 반환하는 분기만 누락됐다.

이미지 업로드를 더 진행하기 전에 image-parameter.js라는 다른 integration 테스트 파일과 몇 가지 테스트를 더 추가해 커버리지를 높여보자.

```javascript
const chai = require("chai");
const http = require("chai-http");
const tools = require("../tools");

chai.use(http);

describe("The image parameter", () => {
    beforeEach((done) => {
        chai
        .request(tools.service)
        .delete("/uploads/test_image_parameter.png")
        .end(() => {
            return done();
        });
    });

    it("should reply 403 for non image extension", (done) => {
        chai
        .request(tools.service)
        .get("/uploads/test_image_parameter.txt")
        .end((err, res) => {
            chai.expect(res).to.have.status(403);

            return done();
        });
    });

    it("should reply 404 for non image existence", (done) => {
        chai
        .request(tools.service)
        .get("/uploads/test_image_parameter.png")
        .end((err, res) => {
            chai.expect(res).to.have.status(404);

            return done();
        });
    });
});
```

테스트 스위트를 실행하고 결과를 확인한다.

```
~/imagini > nyc npm test

> imagini@1.0.0 test /Users/dresende/imagini
> node test/run


  The image parameter
    ✓ should reply 403 for non image extension
    ✓ should reply 404 for non image existance

  Uploading image
    ✓ should accept a PNG image


  3 passing (76ms)

----------|----------|----------|----------|----------|-------------------|
File      | % Stmts  | % Branch | % Funcs  | % Lines  | Uncovered Line #s |
----------|----------|----------|----------|----------|-------------------|
All files |   48.48  |      25  |   58.33  |   53.33  |                   |
 imagini.js |  48.48  |      25  |   58.33  |   53.33  | ... 17,118,121,123 |
----------|----------|----------|----------|----------|-------------------|
~/imagini > nyc report --reporter=html
~/imagini > _
```

HTML 보고서 페이지를 새로 고치고 매개변수 메서드를 보자.

```
14  2x    db.query(
15          `CREATE TABLE IF NOT EXISTS images
16          (
17              id           INT(11)     UNSIGNED NOT NULL AUTO_INCREMENT,
18              date_created TIMESTAMP   NOT NULL DEFAULT CURRENT_TIMESTAMP,
19              date_used    TIMESTAMP   NULL DEFAULT NULL,
20              name         VARCHAR(300) NOT NULL,
21              size         INT(11)     UNSIGNED NOT NULL,
22              data         LONGBLOB    NOT NULL,
23            PRIMARY KEY (id),
24            UNIQUE KEY name (name)
25          ) ENGINE=InnoDB DEFAULT CHARSET=utf8`
26        );
27
28  2x    setInterval(() => {
29          db.query("DELETE FROM images " +
30              "WHERE (date_created < UTC_TIMETSTAMP - INTERVAL 1 WEEK AND date_used IS NULL) " +
31              "  OR (date_used < UTC_TIMETSTAMP - INTERVAL 1 MONTH)");
32        }, 3600 * 1000);
33
34  2x    app.param("image", (req, res, next, image) => {
35  10x      if (!image.match(/\.(png|jpg)$/i)) {
36  2x          return res.status(403).end();
37          }
38
39  8x      db.query("SELECT * FROM images WHERE name = ?", [ image ], (err, images) => {
40  8x          if (err || !images.length) {
41  6x              return res.status(404).end();
42          }
43
44  2x          req.image = images[0];
45
46  2x          return next();
47        });
48      });
49
```

보다시피 이제 다음 조건이 커버된다.

```
if (!image.match(/\.(png|jpg)$/i)) {
```

다음 조건도 커버된다.

```
if (err || !images.length) {
```

즉, 이제 이 메서드가 완전히 커버된다.

타이머(예: *28행*), catch 문 또는 데이터베이스나 다른 저장소에서 반환하는 외부 오류와 같이 테스트하기 어려운 커버리지 행이 있다. 이러한 이벤트의 모형을 만드는 방법이 있으며, 자세한 내용은 뒤에서 다룬다.

모든 코드 커버

일단은 코드의 커버리지를 높이는 데 초점을 맞춰보자. 서비스가 아직 작을 때 커버리지를 최대한 높이는 것이 중요하다. 규모가 커진 상태에서 테스트와 커버리지를 추가하려고 하면 아주 힘들며, 완전히 커버하려는 동기를 찾기 어려울 것이다.

이와 같은 초기 단계에는 코드를 작성하면서 커버리지 비율을 높이는 과정에서도 만족감을 느낄 수 있다.

이미지 업로드 테스트로 돌아와서 다른 테스트를 추가해보자.

```
it("should deny duplicated images", (done) => {
  chai
  .request(tools.service)
  .post("/uploads/test_image_upload.png")
  .set("Content-Type", "image/png")
  .send(tools.sample)
  .end((err, res) => {
    chai.expect(res).to.have.status(200);
    chai.expect(res.body).to.have.status("ok");
```

```
    chai
    .request(tools.service)
    .post("/uploads/test_image_upload.png")
    .set("Content-Type", "image/png")
    .send(tools.sample)
    .end((err, res) => {
        chai.expect(res).to.have.status(200);
        chai.expect(res.body).to.have.status("error");
        chai.expect(res.body).to.have.property("code",
        "ER_DUP_ENTRY");

        return done();
    });
  });
});
```

이 코드는 동일한 이미지를 연달아 두 번 업로드하며 데이터베이스에서 중복 오류를 받을 것이다. 테스트를 다시 실행해보자.

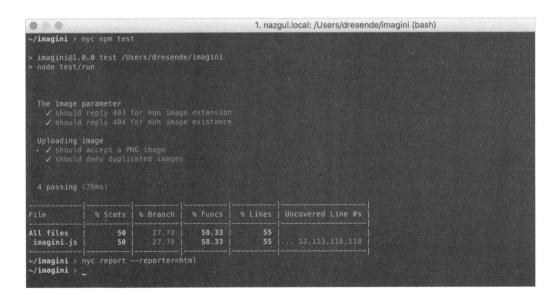

이제 커버리지 보고서의 초기 페이지를 열어보자.

파일에 빨간색 배경이 없어진 것을 알 수 있는데, 이것은 문 커버리지가 50%에 도달했다는 뜻이다. 파일을 클릭하고 이미지 업로드 메서드가 어떻게 커버되고 있는지 확인해보자.

```
45
46   4x          return next();
47        });
48      });
49
50   2x   app.post("/uploads/:name", bodyparser.raw({
51          limit : "10mb",
52          type  : "image/*"
53        }), (req, res) => {
54   6x      db.query("INSERT INTO images SET ?", {
55            name : req.params.name,
56            size : req.body.length,
57            data : req.body,
58          }, (err) => {
59   6x        if (err) {
60   2x          return res.send({ status : "error", code: err.code });
61            }
62
63   4x        res.send({ status : "ok", size: req.body.length });
64          });
65        });
66
67   2x   app.head("/uploads/:image", (req, res) => {
68          return res.status(200).end();
69        });
70
71   2x   app.delete("/uploads/:image", (req, res) => {
72   4x      db.query("DELETE FROM images WHERE id = ?", [ req.image.id ], (err) => {
73   4x        return res.status(err ? 500 : 200).end();
74          });
75        });
76
77   2x   app.get("/uploads/:image", (req, res) => {
78          let image     = sharp(req.image.data);
```

완벽하다! 이제 다음 단계로 진행할 수 있다. 다음 메서드로 진행하기 전에 한 가지 알아둘 점은 완전한 커버리지가 버그가 없다는 의미는 아니라는 점이다. 이 점은 알아둬야 한다. 예상하지 못한 사용 사례가 있을 수 있으므로 당연히 이에 대한 코드가 없으며 명확한 커버리지도 없다.

예를 들어 bodyparser 모듈은 콘텐츠의 형식을 제한하지 않는다. 텍스트 파일의 이름을 이미지 파일로 바꾸고 업로드하면 코드가 이를 감지하지 못하고 데이터베이스에 저장한다. 이 사용 사례를 여러분을 위한 과제라고 생각하고 이를 커버하는 테스트를 작성하고 코드를 수정해보자.

이번에는 업로드 메서드 다음으로 67행에 있는 이미지 검사를 살펴보자. image-check.js라는 새로운 통합 테스트 파일을 만들고 간단한 테스트를 추가한다.

```
const chai = require("chai");
const http = require("chai-http");
const tools = require("../tools");


chai.use(http);

describe("Checking image", () => {
  beforeEach((done) => {
    chai
    .request(tools.service)
    .delete("/uploads/test_image_check.png")
    .end(() => {
      return done();
    });
  });

  it("should return 404 if it doesn't exist", (done) => {
    chai
    .request(tools.service)
    .head("/uploads/test_image_check.png")
    .end((err, res) => {
      chai.expect(res).to.have.status(404);

      return done();
    });
  });
});
```

```
it("should return 200 if it exists", (done) => {
    chai
    .request(tools.service)
    .post("/uploads/test_image_check.png")
    .set("Content-Type", "image/png")
    .send(tools.sample)
    .end((err, res) => {
        chai.expect(res).to.have.status(200);
        chai.expect(res.body).to.have.status("ok");

        chai
        .request(tools.service)
        .head("/uploads/test_image_check.png")
        .end((err, res) => {
            chai.expect(res).to.have.status(200);

            return done();
        });
    });
});
});
```

테스트 스위트를 실행한다.

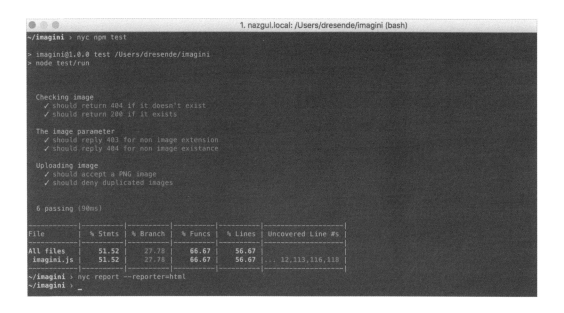

콘솔 보고서가 전보다 커졌다. 새로운 통합 테스트 파일을 만들고 각 테스트에 대한 설명을 지정했으므로 mocha는 테스트 실행 내역을 깔끔한 트리 뷰로 보여준다. 다음은 커버리지 보고서를 보자.

검사 메서드가 완전히 커버된 것을 알 수 있는데, 이 부분은 아주 간단하다.

위쪽의 이미지 조작이 코드에서 거의 절반을 차지하므로 아직 문 커버리지의 중간 정도 과정을 진행 중이다. 바꿔 말해 커버를 시작하면 커버리지가 급속하게 높아진다.

이를 위한 integration 테스트를 만들어보자.

```
const chai = require("chai");
const http = require("chai-http");
const tools = require("../tools");
```

```
chai.use(http);

describe("Downloading image", () => {
    beforeEach((done) => {
        chai
        .request(tools.service)
        .delete("/uploads/test_image_download.png")
        .end(() => {
            chai
            .request(tools.service)
            .post("/uploads/test_image_download.png")
            .set("Content-Type", "image/png")
            .send(tools.sample)
            .end((err, res) => {
                chai.expect(res).to.have.status(200);
                chai.expect(res.body).to.have.status("ok");

                return done();
            });
        });
    });

    it("should return the original image size if no parameters given",
    (done) => {
        chai
        .request(tools.service)
        .get("/uploads/test_image_download.png")
        .end((err, res) => {
            chai.expect(res).to.have.status(200);
            chai.expect(res.body).to.have.length(tools.sample.length);

            return done();
        });
    });
});
```

여기에서는 각 테스트 전에 기존 이미지가 있으면 삭제하고 샘플 이미지를 새로 업로드한다. 그런 다음,
각 테스트에서는 이를 다운로드하고 예상 결과를 대상으로 출력을 테스트한다.

실행해보자.

이 결과는 예상하지 못했을 것이다. 테스트가 실패하는 이유는 길이 검사를 통과하지 못하기 때문이다. 이 경우는 테스트 실행을 시작하면서 전에는 몰랐던 사실을 발견하는 좋은 사례다.

이미지를 요청하면 쿼리 매개변수를 기준으로 sharp 모듈을 이용해 이미지를 조작한다. 이 경우에는 조작을 지정하지 않으므로 sharp를 통해 이미지 출력을 요청하면 정확히 같은 크기의 이미지를 출력해야 하지만, 이미지의 품질을 줄이거나 더 나은 인코딩 방법을 사용하거나 불필요한 데이터를 제거해서 파일의 크기가 달라졌을 수 있다.

파일 크기가 달라진 이유는 알 수 없지만, 수정하지 않은 원본 그대로의 이미지를 원한다고 가정해보자. 이 경우 다운로드 메서드를 변경해야 한다. 쿼리 매개변수를 정의하지 않은 경우 원본 이미지를 그대로 반환하기 위해 메서드 상단에 조건 하나를 추가한다.

```
if (Object.keys(req.query).length === 0) {
    db.query("UPDATE images " +
        "SET date_used = UTC_TIMESTAMP " +
        "WHERE id = ?", [ req.image.id ]);

    res.setHeader("Content-Type", "image/" +
    path.extname(req.image.name).substr(1));
```

```
    return res.end(req.image.data);
  }
```

수정한 후 실행하면 오류 없이 실행된다.

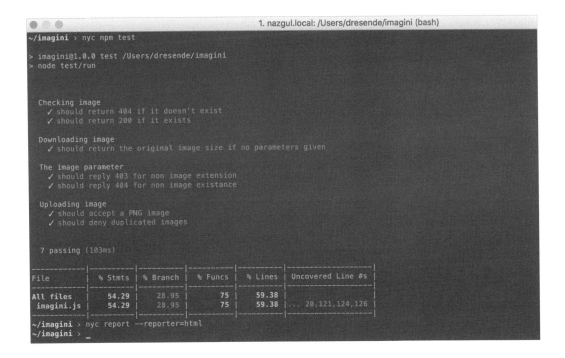

다만, 문 커버리지가 많이 오르지는 않는다. 그 이유는 메서드 상단에 조건을 추가하고 즉시 반환하므로 나머지 코드는 여전히 테스트 되지 않기 때문이다.

```
 70
 71  2x   app.delete("/uploads/:image", (req, res) => {
 72  8x     db.query("DELETE FROM images WHERE id = ?", [ req.image.id ], (err) => {
 73  8x       return res.status(err ? 500 : 200).end();
 74        });
 75      });
 76
 77  2x   app.get("/uploads/:image", (req, res) => {
 78  2x     E if (Object.keys(req.query).length === 0) {
 79  2x       db.query("UPDATE images SET date_used = UTC_TIMESTAMP WHERE id = ?", [ req.image.id ]);
 80
 81  2x       res.setHeader("Content-Type", "image/" + path.extname(req.image.name).substr(1));
 82
 83  2x       return res.end(req.image.data);
 84        }
 85
 86        let image     = sharp(req.image.data);
 87        let width     = +req.query.width;
 88        let height    = +req.query.height;
 89        let blur      = +req.query.blur;
 90        let sharpen   = +req.query.sharpen;
 91        let greyscale = [ "y", "yes", "true", "1", "on"].includes(req.query.greyscale);
 92        let flip      = [ "y", "yes", "true", "1", "on"].includes(req.query.flip);
 93        let flop      = [ "y", "yes", "true", "1", "on"].includes(req.query.flop);
 94
 95        if (width > 0 && height > 0) {
 96          image.ignoreAspectRatio();
 97        }
 98        if (width > 0 || height > 0) {
 99          image.resize(width || null, height || null);
100        }
101        if (flip)       image.flip();
102        if (flop)       image.flop();
103        if (blur > 0)   image.blur(blur);
104        if (sharpen > 0) image.sharpen(sharpen);
```

78행에 있는 새로운 표시 E는 해당 행의 조건이 else 문(나머지 코드)을 실행하지 않았다는 뜻이다. 이 통합에 테스트 하나를 더 추가하고 이미지 크기를 변경해보자.

결과가 올바른지 검사하려면 sharp가 필요하므로 다음과 같이 파일 상단에 포함한다.

```
const sharp = require("sharp");
```

그다음, 크기 변경 테스트를 추가한다.

```
it("should be able to resize the image as we request", (done) => {
  chai
  .request(tools.service)
  .get("/uploads/test_image_download.png?width=200&height=100")
  .end((err, res) => {
```

```
    chai.expect(res).to.have.status(200);

    let image = sharp(res.body);

    image
    .metadata()
    .then((metadata) => {
        chai.expect(metadata).to.have.property("width", 200);
        chai.expect(metadata).to.have.property("height", 100);

        return done();
    });
  });
});
```

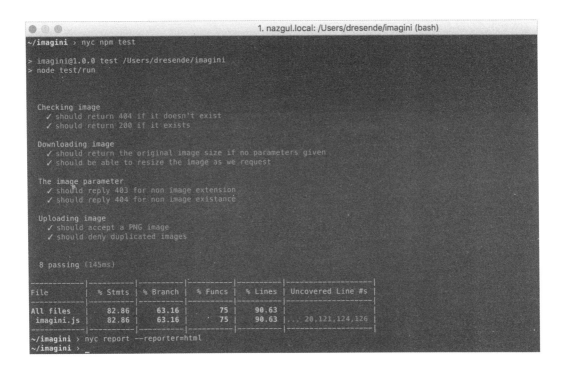

다음과 같이 테스트 스위트를 실행한다.

보고서의 분위기가 많이 좋아졌고 콘솔 보고서에 녹색 부분이 보인다. 커버리지 보고서의 표지 페이지를 살펴보자.

여기에도 녹색 부분이 보인다. 커버리지가 *80%*를 넘는 것은 긍정적이지만, 아직도 개선의 여지가 있다. 파일을 살펴보자.

```
 79    2x        db.query("UPDATE images SET date_used = UTC_TIMESTAMP WHERE id = ?", [ req.image.id ]);
 80
 81    2x        res.setHeader("Content-Type", "image/" + path.extname(req.image.name).substr(1));
 82
 83    2x        return res.end(req.image.data);
 84              }
 85
 86    2x        let image      = sharp(req.image.data);
 87    2x        let width      = +req.query.width;
 88    2x        let height     = +req.query.height;
 89    2x        let blur       = +req.query.blur;
 90    2x        let sharpen    = +req.query.sharpen;
 91    2x        let greyscale  = [ "y", "yes", "true", "1", "on" ].includes(req.query.greyscale);
 92    2x        let flip       = [ "y", "yes", "true", "1", "on" ].includes(req.query.flip);
 93    2x        let flop       = [ "y", "yes", "true", "1", "on" ].includes(req.query.flop);
 94
 95    2x    E   if (width > 0 && height > 0) {
 96    2x            image.ignoreAspectRatio();
 97            }
 98    2x    E   if (width > 0 || height > 0) {
 99    2x            image.resize(width || null, height || null);
100            }
101    2x    I   if (flip)        image.flip();
102    2x    I   if (flop)        image.flop();
103    2x    I   if (blur > 0)    image.blur(blur);
104    2x    I   if (sharpen > 0) image.sharpen(sharpen);
105    2x    I   if (greyscale)   image.greyscale();
106
107    2x        db.query("UPDATE images SET date_used = UTC_TIMESTAMP WHERE id = ?", [ req.image.id ]);
108
109    2x        res.setHeader("Content-Type", "image/" + path.extname(req.image.name).substr(1));
110
111    2x        image.pipe(res);
112        });
113
```

거의 대부분 커버되고 있다. 다음은 모든 효과를 커버할 차례인데, 효과 전체를 한 번에 실행할 수 있다. 처음 두 조건에도 E 표시가 있는데 크기 변경이 없는 테스트를 추가하면 사라진다. 다음과 같이 추가한다.

```
it("should be able to add image effects as we request", (done) => {
  chai
  .request(tools.service)
  .get("/uploads/test_image_download.png?flip=y&flop=y&greyscale=y&blur=10&sharpen=10")
  .end((err, res) => {
    chai.expect(res).to.have.status(200);

    return done();
  });
});
```

이제 보고서를 보면 커버리지가 거의 완료된 것을 알 수 있다.

```
 83  2x        return res.end(req.image.data);
 84        }
 85
 86  4x        let image    = sharp(req.image.data);
 87  4x        let width    = +req.query.width;
 88  4x        let height   = +req.query.height;
 89  4x        let blur     = +req.query.blur;
 90  4x        let sharpen  = +req.query.sharpen;
 91  4x        let greyscale = [ "y", "yes", "true", "1", "on"].includes(req.query.greyscale);
 92  4x        let flip     = [ "y", "yes", "true", "1", "on"].includes(req.query.flip);
 93  4x        let flop     = [ "y", "yes", "true", "1", "on"].includes(req.query.flop);
 94
 95  4x        if (width > 0 && height > 0) {
 96  2x          image.ignoreAspectRatio();
 97        }
 98  4x        if (width > 0 || height > 0) {
 99  2x          image.resize(width || null, height || null);
100        }
101  4x        if (flip)        image.flip();
102  4x        if (flop)        image.flop();
103  4x        if (blur > 0)    image.blur(blur);
104  4x        if (sharpen > 0) image.sharpen(sharpen);
105  4x        if (greyscale)   image.greyscale();
106
107  4x        db.query("UPDATE images SET date_used = UTC_TIMESTAMP WHERE id = ?", [ req.image.id ]);
108
109  4x        res.setHeader("Content-Type", "image/" + path.extname(req.image.name).substr(1));
110
111  4x        image.pipe(res);
112        });
113
114  2x        app.get("/stats", (req, res) => {
115            db.query("SELECT COUNT(*) total" +
116                ", SUM(size) size " +
```

보고서에 나오는 노란색 null 두 개를 커버하려면 width나 height로 이미지의 크기를 변경하면 된다. 다음과 같이 이를 위한 테스트를 추가한다.

```
it("should be able to resize the image width as we request", (done) => {
  chai
  .request(tools.service)
  .get("/uploads/test_image_download.png?width=200")
  .end((err, res) => {
    chai.expect(res).to.have.status(200);

    let image = sharp(res.body);

    image
    .metadata()
    .then((metadata) => {
      chai.expect(metadata).to.have.property("width", 200);

      return done();
    });
  });
});
```

height에 대해서도 비슷한 테스트를 추가하고 테스트 스위트를 실행한다. 문 커버리지가 올라가지 않고 분기 커버리지만 올라간다.

```
 87  8x      let width      = +req.query.width;
 88  8x      let height     = +req.query.height;
 89  8x      let blur       = +req.query.blur;
 90  8x      let sharpen    = +req.query.sharpen;
 91  8x      let greyscale = [ "y", "yes", "true", "1", "on"].includes(req.query.greyscale);
 92  8x      let flip       = [ "y", "yes", "true", "1", "on"].includes(req.query.flip);
 93  8x      let flop       = [ "y", "yes", "true", "1", "on"].includes(req.query.flop);
 94
 95  8x      if (width > 0 && height > 0) {
 96  2x        image.ignoreAspectRatio();
 97          }
 98  8x      if (width > 0 || height > 0) {
 99  6x        image.resize(width || null, height || null);
100          }
101  8x      if (flip)        image.flip();
102  8x      if (flop)        image.flop();
103  8x      if (blur > 0)    image.blur(blur);
104  8x      if (sharpen > 0) image.sharpen(sharpen);
105  8x      if (greyscale)   image.greyscale();
106
107  8x      db.query("UPDATE images SET date_used = UTC_TIMESTAMP WHERE id = ?", [ req.image.id ]);
108
109  8x      res.setHeader("Content-Type", "image/" + path.extname(req.image.name).substr(1));
110
111  8x      image.pipe(res);
112        });
113
114  2x    app.get("/stats", (req, res) => {
115        db.query("SELECT COUNT(*) total" +
116                ", SUM(size) size " +
117                ", MAX(date_used) last_used " +
118                "FROM images",
119        (err, rows) => {
120          if (err) {
```

이제 통계 메서드가 마지막으로 남았다. 이 메서드는 간단하다. 최종적으로 세부적인 테스트를 원한다면 통계를 요청하고 업로드와 같은 변경을 수행한 후 다시 통계를 요청해 결과를 비교할 수 있다. 이 작업은 각자 해보자. 여기에서는 간단한 요청 테스트를 추가한다.

```
const chai = require("chai");
const http = require("chai-http");
const tools = require("../tools");

chai.use(http);

describe("Statistics", () => {
    it("should return an object with total, size, last_used and uptime", (done) => {
        chai
        .request(tools.service)
        .get("/stats")
        .end((err, res) => {
```

```
        chai.expect(res).to.have.status(200);

        chai.expect(res.body).to.have.property("total");

        chai.expect(res.body).to.have.property("size");

        chai.expect(res.body).to.have.property("last_used");

        chai.expect(res.body).to.have.property("uptime");


        return done();
      });
    });
});
```

테스트 스위트를 실행하면 많은 항목이 녹색으로 표시된다.

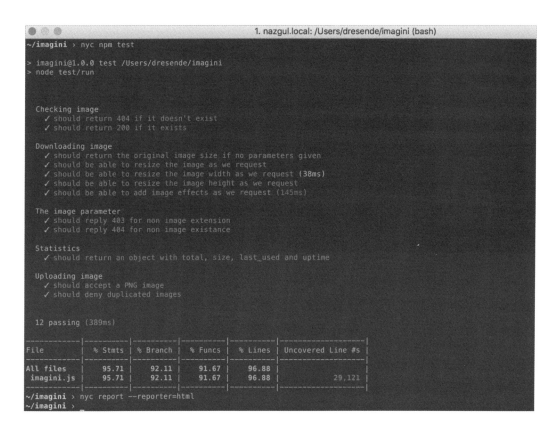

이제 29, 121의 두 행이 남았다. 첫 번째는 타이머이고 두 번째는 통계 메서드다. HTML 보고서를 새로 고쳐보자.

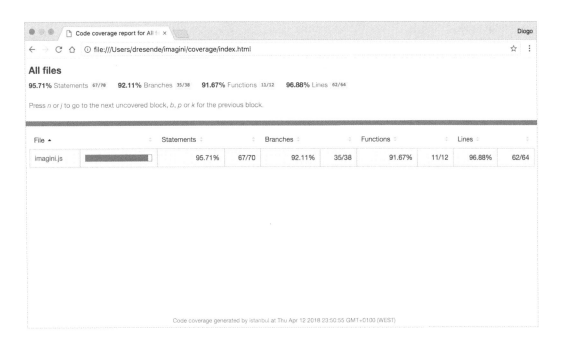

이제 거의 *100%* 커버리지를 달성했다. 커버되지 않은 함수는 타이머 함수 하나가 남았다. 세 개의 분기를 나타내는 세 개의 문이 커버되지 않았지만 사실 완벽한 커버리지를 달성하는 것이 중요한 것은 아니다.

중요한 것은 개발을 진행하면서 이와 같이 높은 커버리지를 계속 유지하는 것이다.

서비스 모의 객체 만들기

서비스의 일부분이 다른 부분보다 테스트하기 어려운 경우가 흔히 있다. 예를 들어 데이터베이스 엔진이 오류를 반환하는 경우와 같이 외부 서비스의 정상적인 실행 중에는 잘 발생하지 않는 상황의 오류 조건이 있다.

이러한 종류의 이벤트를 테스트하거나 최소한 시뮬레이션하려면 서비스의 모의 객체(mock)를 만들어야 한다. 이를 위한 옵션에는 몇 가지가 있는데, Node.js 생태계에서는 시논(sinon)이 가장 많이 사용된다. 이 프레임워크는 모의 객체 제작은 물론 다음과 같은 기능도 제공한다.

- **스파이(spy):** 함수 호출을 모니터링하고 전달된 인수, 반환 값 및 다른 속성을 기록한다.

- **스텁(stub):** 사전 프로그래밍된 동작을 가지는 향상된 스파이이며, 미리 정해진 경로로 실행을 유도하도록(동작을 모의 수행하도록) 도와준다.

또한 시논은 서비스가 시간을 인식하는 방법을 사실상 변경하여 시간 간격 호출을 테스트할 수 있게 해준다(타이머를 기억할 것이다). 이러한 내용을 바탕으로 예제 마이크로서비스에서 *100%* 테스트 커버리지를 달성할 수 있는지 알아보자.

chai를 사용할 때와 마찬가지로 먼저 사용할 프레임워크를 설치해야 한다.

```
npm install --save-dev sinon
```

다음은 이미지 삭제에 대한 테스트를 추가한다. 이 메서드는 다른 테스트를 통해 테스트 되므로 전에는 추가할 필요가 없었지만, 이제 완전하게 테스트하기를 원하므로 다음과 같은 내용을 포함하는 image-delete.js 파일을 추가한다.

```
const chai = require("chai");
const sinon = require("sinon");
const http = require("chai-http");
const tools = require("../tools");

chai.use(http);

describe.only("Deleting image", () => {
  beforeEach((done) => {
    chai
    .request(tools.service)
    .delete("/uploads/test_image_delete.png")
    .end(() => {
      return done();
    });
  });

  it("should return 200 if it exists", (done) => {
    chai
    .request(tools.service)
```

```
        .post("/uploads/test_image_delete.png")
        .set("Content-Type", "image/png")
        .send(tools.sample)
        .end((err, res) => {
          chai.expect(res).to.have.status(200);
          chai.expect(res.body).to.have.status("ok");

          chai
          .request(tools.service)
          .delete("/uploads/test_image_delete.png")
          .end((err, res) => {
            chai.expect(res).to.have.status(200);

            return done();
          });
        });
      });
    });
```

시논 의존성은 아직 사용하지 않지만, 상단에 포함했다. 지금 다시 테스트를 실행할 수 있지만 차이가 없을 것이다.

데이터베이스의 동작을 변경해야 하므로 이에 대한 참조를 내보내서 테스트에서 접근할 수 있게 한다. 마이크로서비스 파일에서 데이터베이스에 연결하기 전에 다음 코드 행을 추가한다.

```
app.db = db;
```

그리고 다음 테스트를 추가한다.

```
it("should return 500 if a database error happens", (done) => {
  chai
  .request(tools.service)
  .post("/uploads/test_image_delete.png")
  .set("Content-Type", "image/png")
  .send(tools.sample)
  .end((err, res) => {
    chai.expect(res).to.have.status(200);
```

```
        chai.expect(res.body).to.have.status("ok");

        let query = sinon.stub(tools.service.db, "query");

        query
        .withArgs("DELETE FROM images WHERE id = ?")
        .callsArgWithAsync(2, new Error("Fake"));

        query
        .callThrough();

        chai
        .request(tools.service)
        .delete("/uploads/test_image_delete.png")
        .end((err, res) => {
            chai.expect(res).to.have.status(500);

            query.restore();

            return done();
        });
    });
});
```

여기에서는 이미지를 업로드한 후 삭제를 요청하기 전에 db.query 메서드에 stub 하나를 만든다. 그런 다음 첫 번째 인수가 DELETE일 때 stub을 호출하면 비동기적으로 가짜 오류와 함께 세 번째 인수(0부터 카운트 시작)를 호출하도록 시논에 지시한다. 다른 호출은 모두 통과시킨다.

이미지를 삭제한 후 HTTP 500 오류 코드를 수신했는지 확인하고 stub을 원래 함수로 복원해 다른 테스트가 정상적으로 수행되도록 한다.

이와 같이 테스트할 수 있는 이유는 mocha가 테스트를 직렬로 실행하기 때문이다. 만약 그렇지 않았다면 다른 테스트를 방해하지 않도록 복잡한 작업이 필요했을 것이다.

이제 앞에서 만든 테스트 파일 image-stats.js를 연 다음, 맨 위에서 시논을 포함하고, 다음 테스트를 추가한다.

```
it("should return 500 if a database error happens", (done) => {
    let query = sinon.stub(tools.service.db, "query");

    query
    .withArgs("SELECT COUNT(*) total, SUM(size) size, MAX(date_used) last_used FROM images")
    .callsArgWithAsync(1, new Error("Fake"));

    query
    .callThrough();

    chai
    .request(tools.service)
    .get("/stats")
    .end((err, res) => {
        chai.expect(res).to.have.status(500);

        query.restore();

        return done();
    });
});
```

이제 커버리지가 97%를 넘었다. 이제 시간을 조작해서 타이머를 테스트해보자. image-delete-old.js라는 파일을 새로 만들고 다음 내용을 추가한다.

```
const chai = require("chai");
const sinon = require("sinon");
const http = require("chai-http");
const tools = require("../tools");

chai.use(http);

describe("Deleting older images", () => {
    let clock = sinon.useFakeTimers({ shouldAdvanceTime : true });

    it("should run every hour", (done) => {
        chai
        .request(tools.service)
```

```
      .get("/stats")
      .end((err, res) => {
         chai.expect(res).to.have.status(200);

         clock.tick(3600 * 1000);
         clock.restore();

         return done();
      });
   });
});
```

이 테스트에서는 전역 타이머 함수 setTimeout와 setInterval을 가짜 타이머로 대체한다. 이어서 통계를 간단하게 호출하고, 한 시간(틱 호출)만큼 시간을 지나게 한 후 완료한다.

그런 다음 테스트를 실행하고 결과를 확인한다.

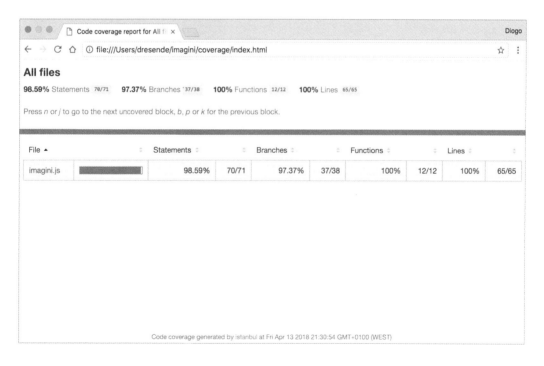

이제 함수와 행에서 *100% 커버리지*를 달성했다. 분기 하나와 문 하나가 누락돼 있는데, 연결 오류와 관련된 부분일 것이다.

이에 대한 모의 객체를 작성하는 것은 여러분에게 과제로 맡긴다.

 connect 메서드의 모의 객체를 정상적으로 작성하려면 예외 던지기도 처리해야 한다는 것을 기억하자.

요약

테스트는 일정한 코드의 품질을 달성하도록 도와준다. 테스트를 최신 상태로 유지하고, 코드를 알려진 이전 동작으로 되돌리는 회귀를 방지하려면 코드가 간단한 초기부터 테스트를 포함하는 것이 아주 중요하다.

코드에서 높은 테스트 커버리지를 달성하는 것도 보람 있는 일이다. 이러한 만족감은 계속 높은 커버리지 수치를 유지하고 간접적으로 코드 품질을 향상하는 데 도움이 된다.

다음 6장에서는 지금까지 알아본 테스트 커버리지와 연속적인 예상 동작에 이어 테스트, 스테이징 또는 프로덕션용으로 코드를 배포하는 방법과 배포 위치에 관계없이 동일한 예측 가능한 동작을 유지하는 방법을 알아본다.

06

마이크로서비스
배포

이제 마이크로서비스를 테스트할 수 있게 됐으므로 한 단계 더 나아가 실무 환경과 아주 비슷한 제어된 환경에서 테스트할 수 있다.

프로덕션을 복제한 환경에서 코드를 개발하고 테스트하면 개발 환경에서 서비스가 작동하지만 실무 환경에서 작동하지 않는 상황을 예방할 수 있다.

이러한 상황은 일반적으로 개인 시스템을 개발 환경으로 사용하면서 다른 용도로도 사용하기 때문에 발생한다. 개인 시스템에서는 여러 도구와 애플리케이션을 설치하고 환경을 변경한다. 이러한 도구는 설치한 라이브러리나 인터페이스를 여러분의 마이크로서비스에서 사용한 후 실무 환경에 이를 포함하는 것을 잊어버릴 수 있다.

서로 다른 환경을 동일하게 유지하기 위한 몇 가지 다른 방법이 있다. 가상 머신과 컨테이너를 사용하는 두 가지 방법을 살펴보고 컨테이너 방식에 해당하는 도커를 사용해 마이크로서비스를 배포해 보자.

가상 머신 사용

한 가지 옵션은 실무 환경의 복제판인 가상 머신을 사용해 동일한 환경을 보장하는 방법이다. 이 방법에는 두 가지 단점이 있다.

- 개발할 때마다 부팅해야 하는 가상화 게스트 운영 체제를 사용하므로 속도가 느리다.

- 디스크에 완전한 기본 레이아웃을 저장해야 하며 시작하기 위해 메모리를 예약해야 하므로 리소스가 많이 소모된다.

게다가 읽기/쓰기 코드가 포함된 읽기 전용 시스템을 만들기는 쉽지 않다. 가상 머신은 예를 들어 macOS 노트북에서 윈도우 환경을 사용할 때와 같이 전체 시스템을 가상화해야 하는 환경에서만 적합한 옵션이다.

그 외에는 마이크로서비스를 개발할 때와 마찬가지로 환경이 대부분의 운영 체제에 공통적이어야 한다. Node.js는 여러 플랫폼에서 실행되며 이 경우에는 HTTP 인터페이스만 노출한다.

컨테이너 사용

다른 옵션은 컨테이너를 사용하는 것이다. 컨테이너는 작동 시스템 수준의 가상화 메커니즘으로서, 작동 시스템 내부의 환경을 격리한다. 여전히 기본 레이아웃을 위한 공간은 필요하지만, 5MB 미만의 컨테이너 레이아웃도 있다.

가장 일반적이고 많이 사용되는 컨테이너 환경으로 도커(docker)가 있다. 도커는 리눅스 컨테이너와 cgroups를 사용해 애플리케이션을 실행하기 위한 안전하고 격리된 환경을 만든다. 부스트 도커는 도커 이미지(docker image)라고 하는 기본 레이아웃을 사용자가 정의, 빌드하고 다른 사용자와 공유할 수 있는 중앙 집중식 리포지토리다. 모든 주요 데이터베이스 서비스와 프로그래밍 언어를 위해 사전에 빌드된 이미지가 있으므로 간단하게 그중 하나를 선택하고 마이크로서비스를 실행할 수 있다.

또한 이미지를 로컬에서 빌드하는 데 필요한 모든 지침을 포함하는 도커파일(Dockerfile)이라는 설명 파일이 있다. 도커파일은 코드 리포지토리 안에 저장할 수 있는 텍스트 파일이며, 개발자가 이를 이용해 환경을 실행할 이미지를 빌드할 수 있다.

또한 이미지를 바탕으로 다른 이미지를 빌드하는 기능이 있으며, 바탕으로 사용할 이미지를 선택하고 사양을 추가한 후 게시할 수도 있다. 도커가 가장 많이 사용되는 컨테이너 기술로 자리 잡은 데는 이 기능이 큰 역할을 했다.

도커를 사용하기 전에 알아둬야 할 몇 가지 특이성이 있다.

- 도커 이미지는 애플리케이션을 실행하기 위한 읽기 전용 템플릿과 같다. 이미지에 변경 사항을 저장하는 몇 가지 방법이 있지만, 보통은 컨테이너를 제거하면 손실되는 환경에서 애플리케이션을 실행한다고 이해하면 된다. 환경을 재시작하면 아무것도 남지 않고 완전하게 원래 환경으로 복원되므로 장점이기도 하다.

- 컨테이너는 하나의 명령만 실행해야 한다. 물론 이 명령이 다른 명령을 생성할 수도 있지만, 컨테이너의 목적은 여러 명령을 병렬로 실행하는 것이 아니다. 복잡한 환경이 필요한 경우, 각 서비스를 별도의 자체 컨테이너에서 실행해야 한다. 예를 들어 데이터베이스가 있는 경우, 데이터베이스와 애플리케이션을 서로 다른 컨테이너에서 실행하면 된다.

- 이미지는 읽기 전용이므로 컨테이너 외부에서 폴더를 마운트하거나 링크할 수 있다. 이를 볼륨이라고 하며, 데이터 폴더를 시스템의 폴더와 매핑한 읽기 전용 MySQL 이미지를 실행하면 컨테이너를 중지하더라도 데이터 손실을 방지할 수 있다. 볼륨은 폴더나 파일일 수 있으며 컨테이너 바깥에서 읽기 전용으로 마운팅할 수도 있다.

- 컨테이너는 격리된 환경에서 실행되며 인터페이스 포트에서 컨테이너 포트로 네트워크 연결을 만들어야 한다. 호스트에 걸쳐 작동하며 더 복잡한 환경을 배포할 수 있게 해주는 가상화된 네트워크를 만드는 옵션도 있다.

도커를 사용한 배포

도커를 사용하려면 물론 먼저 설치해야 한다. 선택할 수 있는 설치 채널이 몇 가지 있다. 여러 리눅스 배포판의 경우, 해당 패키지 관리자에서 사용 가능한 패키지가 있다. 윈도우와 macOS의 경우 도커 웹사이트를 방문하고 설치 관리자를 내려받아야 한다. 패키지 관리자에서 제공하는 버전은 최신 버전이 아니므로 직접 설치 관리자를 내려받는 방법이 좋다.

도커를 관리할 수 있는 여러 그래픽 인터페이스가 있지만, 여기에서는 간결한 명령줄 인터페이스를 사용한다. 명령줄은 매우 세부적인 제어를 제공하며, 사용하다 보면 내부 작동 방식을 더 잘 이해할 수 있다.

콘솔을 열고 docker info를 입력해 모든 사항이 정상인지 확인한다.

```
 ● ● ●                1. nazgul-2.local: /Users/dresende (bash)

~ > docker info
Containers: 0
 Running: 0
 Paused: 0
 Stopped: 0
Images: 0
Server Version: 18.03.0-ce
Storage Driver: overlay2
 Backing Filesystem: extfs
 Supports d_type: true
 Native Overlay Diff: true
Logging Driver: json-file
Cgroup Driver: cgroupfs
Plugins:
 Volume: local
 Network: bridge host macvlan null overlay
 Log: awslogs fluentd gcplogs gelf journald json-file logentries splunk syslog
Swarm: inactive
Runtimes: runc
Default Runtime: runc
Init Binary: docker-init
containerd version: cfd04396dc68220d1cecbe686a6cc3aa5ce3667c
runc version: 4fc53a81fb7c994640722ac585fa9ca548971871
init version: 949e6fa
Security Options:
 seccomp
  Profile: default
Kernel Version: 4.9.87-linuxkit-aufs
Operating System: Docker for Mac
OSType: linux
Architecture: x86_64
CPUs: 2
Total Memory: 1.952GiB
Name: linuxkit-025000000001
ID: E7DQ:TPVL:MPZ5:HT7R:7AOP:ZAR2:NV24:QXHJ:BAJN:ISDO:LCDZ:NRLV
Docker Root Dir: /var/lib/docker
Debug Mode (client): false
Debug Mode (server): false
HTTP Proxy: docker.for.mac.http.internal:3128
HTTPS Proxy: docker.for.mac.http.internal:3129
Registry: https://index.docker.io/v1/
Labels:
Experimental: false
Insecure Registries:
 127.0.0.0/8
Live Restore Enabled: false

~ > _
```

아직 실행 중인 컨테이너나 이미지는 없는 것을 볼 수 있으며, 스토리지와 네트워크 정보와 같은 다른 정보도 표시된다. macOS용 도커의 경우 macOS 시스템에서 도커를 사용하기 위해 가상 머신을 사용한다는 것도 알 수 있다.

즉, docker 명령이 실제로는 해당 가상 머신 내의 docker 명령에 대한 프록시라는 의미다. 가끔 랙이 있지만 작동하는 데는 전혀 문제가 없으므로 걱정할 필요는 없다.

이미지 생성

서비스를 배포하기 전에 서비스를 실행할 이미지를 만들어야 한다. 예제 서비스에는 다음에 정의된 것 외의 의존성은 없다.

- express 및 body-parser: HTTP 요청을 처리한다.

- mysql: MySQL 데이터베이스를 사용할 수 있게 해준다.

- sharp: 이미지를 조작할 수 있게 해준다.

- path: 디렉터리 경로를 사용하기 위한 코어 모듈이다.

코어 모듈은 문제가 아니며, 처음 세 개의 모듈도 완전히 자바스크립트로 작성됐으므로 문제가 아니다. 반면, sharp는 컴파일되므로 이미지에 컴파일러가 필요하다.

이미지를 최대한 슬림하게 유지하기 위해 알파인 리눅스 버전에 기반을 두며 다른 배포판에 비해 훨씬 크기가 작은 Node.js 알파인 버전을 사용하겠다. 이것이 어떤 의미인지는 곧 알 수 있다. 먼저 이미지를 내려받기 위해 다음 명령을 실행한다.

```
docker pull node:alpine
```

정상적으로 실행되면 다음 그림과 같이 몇 가지 새로운 이미지를 사용할 수 있게 된다.

첫 번째로 로컬 이미지가 없는 것을 확인했다. 그다음은 Node.js 공식 리포지토리에서 알파인 버전을 끌어오도록 도커에 요청했다. 최신 안정화 버전을 대상으로 하므로 버전을 지정하지 않았다. 특정 버전을 원하는 경우 도커 허브에서 Node 공식 이미지를 찾아본다.

이제 이미지는 있지만, 마이크로서비스를 시작하기 전에 몇 가지 준비할 사항이 있다. 첫 번째로 자체 이미지를 만들어야 한다. 방금 내려받은 이미지는 코드가 없는 기본 이미지이며, 코드와의 의존성을 추가해야 한다. 이를 위해 도커파일을 만들어야 한다.

도커파일 정의

도커파일은 이미지를 생성하기 위한 도커 명령을 포함하는 파일이다. 이 명령은 알아보기 쉬우며 여러 서버에 공유하여 도커로 이미지를 빌드할 수 있다.

예제의 Dockerfile은 다음의 세 부분을 포함한다.

- 기본 이미지와 저자를 명시하는 헤더

- 이미지를 빌드하는 명령

- 이미지를 실행하는 명령

이밖에도 많은 명령이 있지만, 이 책에서 모두 다루지는 않는다. Dockerfile에 대해 더 자세히 알아보려면 설명서를 읽어보기를 추천하며 장기적으로 도움이 될 것이다. 첫 번째로 사용할 Dockerfile은 다음과 같다.

```
FROM node:alpine
MAINTAINER Diogo Resende

ADD imagini /opt/app

WORKDIR /opt/app
RUN npm i

CMD [ "node", "/opt/app/imagini" ]
```

빈 행은 알아보기 쉽도록 추가한 것이다. 처음 두 명령은 기본 이미지(FROM)와 저자(MAINTAINER)를 명시한다. 세 번째 명령은 예제의 imagini 폴더를 이미지 내의 /opt/app 폴더로 추가한다. 그다음, 해당 폴더로 이동하고 npm i를 실행해 필요한 의존성을 설치한다. 마지막 명령은 이미지를 실행하는 방법을 지정한다.

이 파일을 Dockerfile이라는 이름으로 저장하고 빈 폴더에 넣는다. 새로 만든 폴더 안에 imagini라는 폴더를 만들고 예제 마이크로서비스를 넣는다.

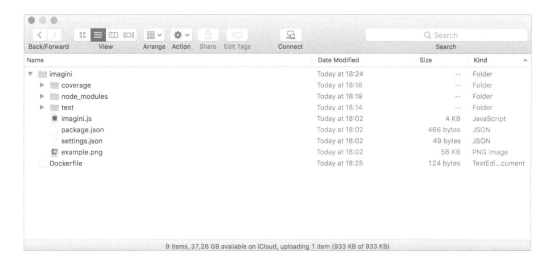

이제 docker build 명령을 사용해 이미지를 빌드할 수 있다. 새로운 이미지를 생성하고 서비스의 이름을 할당한 다음, 초기 버전을 지정한다.

```
> docker build -t imagini:0.0.1 .
Sending build context to Docker daemon    43.4MB
Step 1/6 : FROM node:alpine
 ---> 7af437a39ec2
Step 2/6 : MAINTAINER Diogo Resende
 ---> Running in 009093d8c9d4
Removing intermediate container 009093d8c9d4
 ---> cdbe5185faf4
Step 3/6 : ADD imagini /opt/app
 ---> 9c062473535a
Step 4/6 : WORKDIR /opt/app
Removing intermediate container d734af3adba8
 ---> e39bdbfaf5ae
Step 5/6 : RUN npm i
 ---> Running in 3437fc2f74c9
npm notice created a lockfile as package-lock.json. You should commit this file.
npm WARN imagini@1.0.0 No description
npm WARN imagini@1.0.0 No repository field.

up to date in 0.613s
Removing intermediate container 3437fc2f74c9
 ---> 0b50046161f3
Step 6/6 : CMD [ "node", "/opt/app/imagini" ]
 ---> Running in 8d5786ea6ecf
Removing intermediate container 8d5786ea6ecf
 ---> a3e21d6fd379
Successfully built a3e21d6fd379
Successfully tagged imagini:0.0.1
> _
```

사용 가능한 이미지의 목록을 확인한다.

```
> docker images
REPOSITORY          TAG            IMAGE ID          CREATED           SIZE
imagini             0.0.1          a3e21d6fd379      22 seconds ago    110MB
node                alpine         7af437a39ec2      2 weeks ago       68.4MB
> _
```

컨테이너를 시작하고 어떤 일이 일어나는지 확인한다. 이를 위해 docker run 명령을 사용하고 이미지 이름과 버전을 전달한다. 실행할 항목을 Dockerfile에서 지정했으므로 따로 지정할 필요는 없지만 변경할 수 있다.

```
1. base (bash)
> docker run imagini:0.0.1
internal/modules/cjs/loader.js:683
  return process.dlopen(module, path.toNamespacedPath(filename));
                        ^

Error: Error loading shared library /opt/app/node_modules/sharp/build/Release/sharp.node: Exec format error
    at Object.Module._extensions..node (internal/modules/cjs/loader.js:683:18)
    at Module.load (internal/modules/cjs/loader.js:566:32)
    at tryModuleLoad (internal/modules/cjs/loader.js:506:12)
    at Function.Module._load (internal/modules/cjs/loader.js:498:3)
    at Module.require (internal/modules/cjs/loader.js:598:17)
    at require (internal/modules/cjs/helpers.js:11:18)
    at Object.<anonymous> (/opt/app/node_modules/sharp/lib/constructor.js:10:15)
    at Module._compile (internal/modules/cjs/loader.js:654:30)
    at Object.Module._extensions..js (internal/modules/cjs/loader.js:665:10)
    at Module.load (internal/modules/cjs/loader.js:566:32)
> _
```

이 오류는 의존성을 잘 준비해야 한다는 것을 보여주기 위해 의도된 것이다. 의존성을 깃 리포지토리에 푸시하지 않는 것처럼 의존성을 이미지로 푸시하지 않는다. 대신 이미지 내에 설치해야 한다. 이미지가 아주 빨리 빌드된 이유 중 하나는 npm이 아무 문제가 없다고 가정하기 때문이다.

Dockerfile을 변경하고 새로 이미지를 생성하기 전에 이미지 안에서 한 번 살펴보자. 이를 위해 실행하려는 다른 명령을 지정하는 컨테이너를 실행한다. 또한 대화식 터미널을 위해 -i 및 -t 매개변수를 지정해야 한다. 다음과 같이 콘솔을 실행한다(알파인에는 bash가 없으므로 sh를 사용한다).

이것이 이미지 내의 /opt/app 폴더의 내용이다. 테스트와 커버리지 폴더와 같이 추가할 필요가 없는 항목도 있다. 마이크로서비스, 의존성 파일, 그리고 설정 파일만 있으면 된다.

```
FROM node:alpine
MAINTAINER Diogo Resende

ADD imagini/imagini.js /opt/app/imagini.js
ADD imagini/package.json /opt/app/package.json
ADD imagini/settings.json /opt/app/settings.json

WORKDIR /opt/app RUN npm i

CMD [ "node", "/opt/app/imagini" ]
```

ADD 명령은 폴더만이 아니라 파일에 대해서도 사용할 수 있다. 이와 같이 이미지를 최대한 작게 유지할 수 있다. 이를 실행하고 새 버전을 할당한다.

오류가 있기만, 전보다는 보기 좋아졌다. 오류가 발생하는 이유는 npm이 sharp를 설치하려고 하지만, 이미지가 너무 작아서 파이썬도 설치되지 않았기 때문이다. 사실은 파이썬만 없는 것이 아니라 컴파일에 필요한 빌드 도구도 없다. 아주 작은 이미지를 원한다면 이와 같이 필요한 의존성을 하나씩 추가하면 된다.

여기에서는 설명을 위해 기본 이미지를 표준 버전으로 전환한다.

```
FROM node
MAINTAINER Diogo Resende

ADD imagini/imagini.js /opt/app/imagini.js
ADD imagini/package.json /opt/app/package.json
```

```
ADD imagini/settings.json /opt/app/settings.json

WORKDIR /opt/app
RUN npm i

CMD [ "node", "/opt/app/imagini" ]
```

첫 번째 행을 간단하게 node로 변경한 것을 확인한다. 이제 docker build 명령을 실행하면 도커가 표준 이미지를 내려받고 단일 작업으로 이미지를 빌드한다.

```
1. base (bash)

> sharp@0.19.1 install /opt/app/node_modules/sharp
> node-gyp rebuild

make: Entering directory '/opt/app/node_modules/sharp/build'
  TOUCH Release/obj.target/libvips-cpp.stamp
  CXX(target) Release/obj.target/sharp/src/common.o
  CXX(target) Release/obj.target/sharp/src/metadata.o
  CXX(target) Release/obj.target/sharp/src/stats.o
  CXX(target) Release/obj.target/sharp/src/operations.o
  CXX(target) Release/obj.target/sharp/src/pipeline.o
  CXX(target) Release/obj.target/sharp/src/sharp.o
  CXX(target) Release/obj.target/sharp/src/utilities.o
  SOLINK_MODULE(target) Release/obj.target/sharp.node
  COPY Release/sharp.node
  TOUCH Release/obj.target/win_copy_dlls.stamp
make: Leaving directory '/opt/app/node_modules/sharp/build'

> sinon@4.5.0 postinstall /opt/app/node_modules/sinon
> node scripts/support-sinon.js

Have some ♥for Sinon? You can support the project via Open Collective:
 > https://opencollective.com/sinon/donate

npm notice created a lockfile as package-lock.json. You should commit this file.
npm WARN imagini@1.0.0 No description
npm WARN imagini@1.0.0 No repository field.

added 143 packages in 47.126s
Removing intermediate container 6671b4f2ce7b
 ---> ec99ff9189bd
Step 8/8 : CMD [ "node", "/opt/app/imagini" ]
 ---> Running in 0ed375501f97
Removing intermediate container 0ed375501f97
 ---> 304c4e53de6d
Successfully built 304c4e53de6d
Successfully tagged imagini:0.0.2
> _
```

보다시피, 이제 npm이 sharp 의존성을 컴파일한다.

TIP 단순한 의존성만 사용하는 경우 알파인 버전을 사용해도 된다.

다시 컨테이너를 실행한다.

```
1. nazgul-2.local: /Users/dresende (bash)
~ > docker run imagini:0.0.2
/opt/app/imagini.js:14
        if (err) throw err;
        ^

Error: connect ECONNREFUSED 127.0.0.1:3306
    at TCPConnectWrap.afterConnect [as oncomplete] (net.js:1174:14)
    --------------------
    at Protocol._enqueue (/opt/app/node_modules/mysql/lib/protocol/Protocol.js:145:48)
    at Protocol.handshake (/opt/app/node_modules/mysql/lib/protocol/Protocol.js:52:23)
    at Connection.connect (/opt/app/node_modules/mysql/lib/Connection.js:130:18)
    at Object.<anonymous> (/opt/app/imagini.js:13:4)
    at Module._compile (internal/modules/cjs/loader.js:654:30)
    at Object.Module._extensions..js (internal/modules/cjs/loader.js:665:10)
    at Module.load (internal/modules/cjs/loader.js:566:32)
    at tryModuleLoad (internal/modules/cjs/loader.js:506:12)
    at Function.Module._load (internal/modules/cjs/loader.js:498:3)
    at Function.Module.runMain (internal/modules/cjs/loader.js:695:10)
~ > _
```

이번에는 컨테이너 내의 설정 파일이 문제다. 이 설정 파일은 로컬 주소의 MySQL 서버를 가리키는데, 컨테이너는 자체 인터페이스를 가지므로 이는 잘못된 것이다.

이미지 안에 암호를 저장하는 것을 피하고 좀 더 유용하게 만들려면 settings 파일을 이미지 밖으로 가져와서 이미지를 실행할 때마다 사용할 settings 파일을 지정하는 것이 좋다. 이렇게 하면 동일한 기본 이미지를 공유하는 여러 다른 설정으로 다른 배포를 사용할 수 있다.

그런데 마운팅되는 방식 때문에 도커가 디렉터리로 마운팅되지 않게 하려면 비어 있는 것이라도 파일이 있어야 한다. 따라서 settings 파일을 상위 폴더로 이동하고 원래 있던 자리에 settings 파일을 생성한다. 이렇게 하면 다음 그림과 비슷한 구조가 된다.

즉, 동일한 이미지 명령을 유지하지만, 이제는 빈 설정 파일을 사용한다.

```
FROM node
MAINTAINER Diogo Resende

ADD imagini/imagini.js /opt/app/imagini.js
ADD imagini/package.json /opt/app/package.json
ADD imagini/settings.json /opt/app/settings.json

WORKDIR /opt/app
RUN npm i

CMD [ "node", "/opt/app/imagini" ]
```

이제 새로운 버전을 생성한다.

이미지 빌드와 관련해 알아둘 두 가지 사항이 있다.

- 아직 이미지를 일반에 게시하지 않았고, 여전히 테스트 단계이므로 이미지 버전을 덮어쓰고 수정 버전 값이 증가하지 않게 할 수 있다. 버전 할당 방법을 알아본 이유는 커뮤니티의 일반적인 관행을 보여주기 위한 것이다.

- 빌드의 로그 행을 읽어 보면 도커가 이전 빌드에서 명령 단계를 찾았으며, 다시 빌드하지 않고 이를 사용한다는 것을 나타내는 Using cache를 포함하는 행이 있다. 의존성 설치 후에 ADD 명령을 사용했다면 캐시를 사용하는 설치에서 빌드하는 시간이 크게 단축되는 것을 알 수 있었을 것이다.

이미지와 설정이 첨부된 컨테이너를 실행하려면 볼륨을 나타내는 -v를 사용해야 한다. 이렇게 하면 로컬 파일 시스템의 폴더나 파일을 컨테이너 파일 시스템으로 마운팅할 수 있다. 앞서 살펴본 구조에서 현재 위치가 루트 폴더라고 가정하면 다음 명령을 실행한다.

```
docker run -v $(pwd)/settings.json:/opt/app/settings.json imagini:0.0.3
```

도커는 전체 경로를 요구하므로 현재 작업 디렉터리(pwd)를 얻는 bash 보간을 추가했다. 다음과 같이 실행한다.

```
● ● ●                    1. base (bash)
> docker run -v $(pwd)/settings.json:/opt/app/settings.json imagini:0.0.3
/opt/app/imagini.js:14
        if (err) throw err;
            ^

Error: connect ECONNREFUSED 127.0.0.1:3306
    at TCPConnectWrap.afterConnect [as oncomplete] (net.js:1174:14)
    --------------------
    at Protocol._enqueue (/opt/app/node_modules/mysql/lib/protocol/Protocol.js:145:48)
    at Protocol.handshake (/opt/app/node_modules/mysql/lib/protocol/Protocol.js:52:23)
    at Connection.connect (/opt/app/node_modules/mysql/lib/Connection.js:130:18)
    at Object.<anonymous> (/opt/app/imagini.js:13:4)
    at Module._compile (internal/modules/cjs/loader.js:654:30)
    at Object.Module._extensions..js (internal/modules/cjs/loader.js:665:10)
    at Module.load (internal/modules/cjs/loader.js:566:32)
    at tryModuleLoad (internal/modules/cjs/loader.js:506:12)
    at Function.Module._load (internal/modules/cjs/loader.js:498:3)
    at Function.Module.runMain (internal/modules/cjs/loader.js:695:10)
> _
```

여기에서 컨테이너의 특성 하나를 더 볼 수 있다. 컨테이너는 격리되어 실행되며 자체 네트워크 인터페이스를 가진다. 이 인터페이스는 도커가 생성한 가상 스위치와 연결되며, 별도로 지정하지 않으면 외부와 연결되지 않는다.

로컬 호스트를 데이터베이스 서버 호스트 이름으로 사용하는데, 이 경우에는 컨테이너 자체를 가리킨다. 이를 시스템의 로컬 주소로 변경해야 한다. 로컬 시스템의 IP 주소는 가변일 수 있으므로 도커는 호스트를 가리키는 특수한 DNS 주소인 host.docker.internal을 지원한다.

필자는 settings 파일을 다음과 같이 수정했다. 이를 각자의 이전 구성에 맞게 변경한다.

```
{
    "db": "mysql://root:root@host.docker.internal/imagini"
}
```

다시 실행하면 드디어 컨테이너가 시작된다.

```
● ● ●                    1. base (docker)
> docker run -v $(pwd)/settings.json:/opt/app/settings.json imagini:0.0.3
_
```

컨테이너 관리

컨테이너가 포그라운드로 실행되는 것을 알 수 있는데, 이 경우 서비스가 종료되기 전까지 콘솔이 차단되므로 그리 유용하지 않다. 서비스는 중지되지 않아야 하므로 백그라운드로 실행해야 한다. 다른 콘솔을 열고 실행 중인 컨테이너 프로세스를 나열하면 현재 실행 중임을 볼 수 있다.

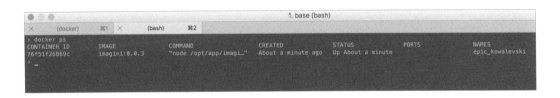

CONTAINER ID는 컨테이너 이름과 함께 컨테이너 재시작과 제거, 이미지, 상태 및 가동 시간 확인과 같은 여러 작업을 수행하는 데 사용될 수 있다.

컨테이너를 중지하고 시간을 측정해보면 즉시 중지되지는 않는다는 것을 알 수 있다.

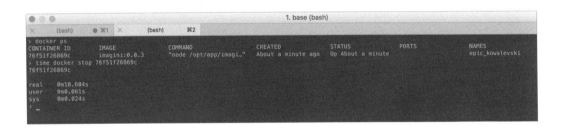

중지될 때까지 거의 *10초*가 걸리는데, 변경을 적용하고 재시작하려는 경우 적지 않은 시간이다. 이것은 예제 서비스가 환경 신호를 무시하기 때문이다.

컨테이너를 중지하려고 하면 도커가 SIGTERM 신호를 전송하고 서비스가 중지할 때까지 *10초*를 기다린다. 그래도 서비스가 중지하지 않으면 도커는 커널로 에스컬레이션하여 서비스와 컨테이너를 즉시 중지하는 SIGKILL을 전송한다.

이 동작을 변경하여 정상적으로 중지하게 할 수 있다. app.listen 행을 다음과 같이 수정한다.

```
app.listen(3000, () => {
    console.log("ready");
});
```

```
process.on("SIGTERM", () => {
    db.end(() => {
        process.exit(0);
    });
});
```

이 코드는 컨테이너를 시작할 때 ready를 출력하고 SIGTERM을 수신하면 데이터베이스 연결과 HTTP 서버를 모두 종료한다. 서비스를 변경했으므로 이미지를 다시 빌드하고 이번에는 버전을 0.0.4로 설정한다.

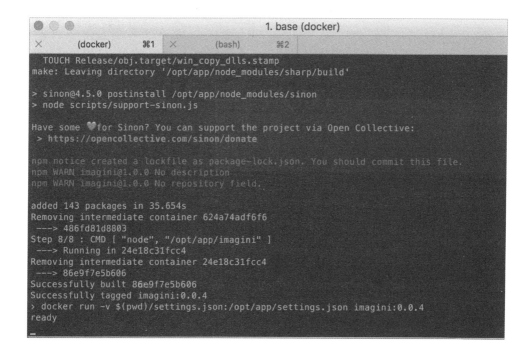

다른 콘솔에서 다시 컨테이너를 중지한다.

이번에는 훨씬 빠르게 종료된다. 이보다 더 빨리 처리하는 방법도 있지만, 정상적으로 중지하는 것이 좋다. 지금은 데이터베이스 연결을 바로 중지하지만, 익스프레스가 연결을 더 수락하지 못하게 하고, 활성 연결을 처리하도록 몇 초를 더 기다린 다음에 정상적으로 종료할 수도 있다.

다음은 컨테이너가 콘솔을 차단하지 않고 백그라운드로 실행되도록 배포를 개선할 차례다. 이렇게 하면 컨테이너를 배포하고 관리하기 위해 콘솔을 두 개 사용할 필요가 없다. 백그라운드로 실행하려면 분리 모드를 활성화하는 -d 옵션을 사용한다.

업데이트된 명령은 다음과 같다.

```
docker run -d -v $(pwd)/settings.json:/opt/app/settings.json imagini:0.0.4
```

이 명령을 실행하면 도커가 전체 CONTAINER ID를 보고하고 콘솔로 돌아온다.

실행 중인 컨테이너를 확인하면 짧은 ID(처음 *12*개 문자에 해당)로 표시되는 컨테이너와 약간의 추가 정보가 나온다. 실제로 중요한 항목은 비어 있는 PORTS 열이다. 이 열은 호스트의 포트에 연결된 컨테이너 포트를 나타낸다.

이 열이 비어 있다는 것은 도커 자체 외에는 컨테이너에 접근할 수 없고, HTTP 인터페이스에 접근할 수 없다는 뜻이다.

이 문제를 해결하려면 포트를 노출하도록 이미지를 다시 변경해야 한다. 포트를 노출하는 데는 EXPOSE 명령을 사용한다. 예제 서비스는 포트 3000을 수신하므로 이 포트를 노출하면 된다.

```
FROM node
MAINTAINER Diogo Resende

ADD imagini/imagini.js /opt/app/imagini.js
ADD imagini/package.json /opt/app/package.json
ADD imagini/settings.json /opt/app/settings.json
```

```
WORKDIR /opt/app
RUN npm i

EXPOSE 3000

CMD [ "node", "/opt/app/imagini" ]
```

이제 이미지를 빌드할 수 있지만, 새 버전을 사용하기 전에 run 명령을 변경해야 한다. 우리가 포트를 노출하는 것과 이미지 사용자가 이러한 포트 노출을 원하는지 아닌지는 별개의 문제다. 컨테이너 포트와 연결할 호스트 포트를 지정해야 한다. 이를 위해 수신 포트를 구성할 수 있는 -p를 사용한다. 구문은 포트를 지정하는 것을 제외하면 이전의 -v와 비슷하다.

```
docker run -d -p 80:3000 -v $(pwd)/settings.json:/opt/app/settings.json imagini:0.0.5
```

이 경우 로컬 포트 80을 컨테이너의 포트 3000에 노출한다.

컨테이너가 실행 중이고 주소 0.0.0.0:80(포트 80의 모든 주소)이 컨테이너 포트 3000을 가리키는 것을 볼 수 있다. 이제 제대로 실행되는지 확인할 수 있다. 웹 브라우저를 열고 stats 경로로 이동한다.

```
localhost/stats                                          Diogo

←  →  C  ⌂  ⓘ localhost/stats                    ☆  🔍  ⋮

{                                                   Raw   Parsed
    "total": 5,
    "size": 277715,
    "last_used": "2018-04-13T20:30:53.000Z",
    "uptime": 259.215
}
```

이제 현재 운영 체제에서 서비스를 관리하는 것과 비슷하게 컨테이너를 관리할 수 있다. 다음과 같이 시작, 중지, 재시작할 수 있다.

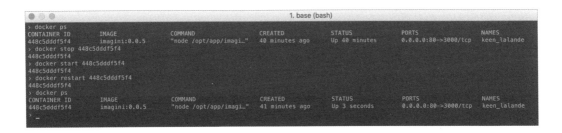

도커는 컨테이너의 상태를 하나 이상 변경할 때마다 상태가 변경된 컨테이너 ID를 반환한다. 이를 활용해 작업을 스크립팅하고 명령의 출력을 다음 명령으로 파이프할 수 있다.

컨테이너 정리

중지된 컨테이너는 기본적으로 제거되지 않는다. 컨테이너를 중지하고 현재 실행 중인 컨테이너를 나열해본다.

현재 실행 중인 컨테이너는 없다. 그러면 컨테이너는 어디에 있을까? 컨테이너는 중지됐으며, 프로세서와 메모리를 사용하지는 않지만 여전히 공간을 차지한다. 방금 중지한 컨테이너만이 아니라 이전에 실행한 모든 컨테이너가 마찬가지다.

모든 컨테이너를 보려면 docker ps -a 명령을 사용한다.

아주 많은 컨테이너를 볼 수 있다. 지금까지 빌드한 모든 이미지가 나열된다. 이것은 해당 이미지를 사용할 수 있지만 동시에 디스크 공간을 차지한다는 뜻이다.

```
                                1. base (bash)
> docker images
REPOSITORY       TAG           IMAGE ID        CREATED           SIZE
imagini          0.0.5         6a0f18cd9ce4    About an hour ago 720MB
imagini          0.0.3         7656998b3a1b    2 hours ago       720MB
imagini          0.0.2         304c4e53de6d    28 hours ago      720MB
<none>           <none>        edb7c74921c5    29 hours ago      107MB
<none>           <none>        b211572607c9    29 hours ago      68.4MB
imagini          0.0.1         a3e21d6fd379    29 hours ago      110MB
node             alpine        7af437a39ec2    2 weeks ago       68.4MB
node             latest        aa3e171e4e95    2 weeks ago       673MB
>
```

이미지의 경우 차지하는 크기를 볼 수 있다. 이전의 이미지는 제대로 작동하지 않으므로 더 이상 필요 없으며 제거해도 된다. 이미지를 제거하려면 rmi 명령을 사용하고 이미지 ID 또는 이름과 버전(TAG 열)을 매개변수로 전달하면 된다.

그런데 이미지를 제거하려면 먼저 컨테이너를 제거해야 하며, 그렇지 않으면 도커가 사용 중이라며 제거를 거부한다. 우회 방법으로 컨테이너 ID만 반환하는 docker ps의 유용한 매개변수를 사용하여 제거 명령으로 전달할 수 있다. 도커는 실행 중인 컨테이너는 제거하지 않으므로 안전하다.

최근 컨테이너를 시작하고(docker start) 컨테이너를 나열한다(docker ps).

```
                                                      1. base (bash)
> docker start 448c5dddf5f4
448c5dddf5f4
> docker ps
CONTAINER ID    IMAGE          COMMAND              CREATED           STATUS        PORTS                  NAMES
448c5dddf5f4    imagini:0.0.5  "node /opt/app/imagi_" About an hour ago Up 3 seconds  0.0.0.0:80->3000/tcp   keen_lalande
> docker rm $(docker ps -qa)
76f51f26869c
7692dcc1ed76
2703b7534d7c
9fc5faccf333
5f4f0f0b09f2
9c2c6c605513
5de2673376c3
3534b6ec35ce
dc6775bad1e0
cc2e8caa7453
4257f3576a16
170983c5a5e3
Error response from daemon: You cannot remove a running container 448c5dddf5f4cab9011726f6b66111281cc1847be00ac939d4ec98698fa8327b. Stop the container before attempting removal or force remove
>
```

앞서 언급했듯이 도커는 컨테이너의 상태를 변경(이 경우 제거)할 때마다 각 컨테이너 ID를 표시한다. 마지막 오류는 실행 중인 컨테이너에 대한 것이며, 앞서 설명했듯이 도커는 실행 중인 컨테이너를 제거하도록 허용하지 않는다.

이미지에 대해서도 같은 작업을 할 수 있다. 이미지는 많은 공간을 차지하는데, 개발 중에는 이미지를 수정한 후 작동하지 않는 이미지를 남겨두고 잊어버리는 일이 흔하다.

마지막 두 오류는 예상된 것이다. 첫 번째는 이미지 중 하나가 우리가 실행 중인 컨테이너의 이미지라는 것이다. 두 번째는 다른 이미지가 우리 이미지의 기본 이미지라는 것이다.

이전 목록의 이미지에 비해 더 많은 항목이 나열되고 있는데, 이 항목은 이미지가 아니고 각 이미지의 레이어다(빌드 과정 중 캐시 단계를 기억할 것이다). 도커는 이미지를 레이어로 저장하므로 서로 비슷한 이미지의 경우 공통 레이어를 가질 수 있다. 이 경우 디스크 공간이 절약된다.

이제 다음과 비슷한 결과를 얻는다.

전보다 훨씬 보기 좋아졌으며, 개발 반복 과정의 흔적이 모두 사라졌다. 다음은 예제 서비스에 필요하지만 아직 컨테이너에 없는 다른 의존성에 대해 알아볼 차례다.

MySQL 배포

지금까지 예제 서비스와 모든 의존성을 컨테이너 내에 올바르게 정의하고 설치하는 과정을 알아봤다. 그런데 데이터베이스 서버는 아직 해결되지 않았다. 이 서비스는 호스트에 있는 MySQL을 사용할 수 있어야 제대로 작동한다.

컨테이너는 여러 서비스를 실행하기 위한 것이 아니며, 마이크로서비스와 비슷하게 한 컨테이너는 한 가지 작업만 해야 한다. 그런데 컨테이너는 외부와 통신할 수 있으므로 서로 통신할 수도 있다.

데이터베이스 서버를 실행하는 추가 컨테이너를 배포할 수 있다. 공식 MySQL 컨테이너 이미지가 있으므로 데이터베이스 실행을 시작하는 간단한 명령 하나로 해결할 수 있다. 그런데 먼저 두 가지 사항을 해결해야 한다.

- 데이터베이스 서버는 데이터베이스 콘텐츠를 호스트에 저장할 수 있어야 한다. 그렇지 않으면 배포를 제거하면 데이터가 손실된다.

- 첫 번째 컨테이너는 데이터베이스 서버가 어디에 있는지 알아야 하며, 이 위치는 각 배포에서 동적으로 변경되므로 위치를 알아낼 방법이 필요하다.

도커는 어떤 호스트 포트가 컨테이너 포트와 연결돼 있는지 알 수 있는 방법을 지원한다. 이를 위해 도커 포트를 사용하면 되며 구문은 간단하다. 컨테이너를 지정해 모든 포트 할당을 가져오거나 특정 포트를 지정해 해당 정보만 얻을 수 있다.

예제의 원래 컨테이너는 포트 80과 연결한다는 것을 알고 있는데, 명령의 결과도 이를 보여준다. 실무 환경에서는 여러 컨테이너가 동일한 포트를 위해 경쟁할 수 있다. 도커에는 컨테이너 그룹을 쉽게 격리하고 컨테이너의 맞춤형 네트워크를 만들 수 있는 네트워크가 있다.

다음과 같이 docker network를 사용해 서비스를 위한 네트워크를 생성한다.

이와 같이 명령이 반환하는 ID를 가진 imagini라는 이름의 네트워크를 만들었다. 주어진 명령으로 현재 도커 네트워크의 목록을 얻을 수 있다.

4개의 네트워크가 나열되는데, 하나는 imagini이며, 나머지 3개는 다음과 같다.

- Bridge: 새로운 컨테이너를 위한 기본 네트워크

- Host: 컨테이너를 호스트 네트워크에 직접 연결하려는 경우 사용

- None: 컨테이너에 네트워크를 전혀 원하지 않는 경우 사용

이번에는 현재 배포를 제거하고 몇 가지 변경을 적용해보자. 먼저 컨테이너를 제거하고 중지한다.

그다음, 새로운 데이터베이스 서버 컨테이너를 새로운 네트워크에 배포한다. 여기에서는 공식 컨테이너 이미지를 사용한다. 데이터베이스를 저장하기 위한 mysql 폴더를 만들고, 서버가 배포 간에 정보를 잃어 버리지 않고 작동하는 데 필요한 다른 모든 항목을 여기에 저장한다.

또한 컨테이너의 이름을 지정할 수 있는 도커의 옵션을 소개할 것이다. 앞에서 컨테이너를 나열하면 서 이상한 이름을 봤을 것이다. 직접 이름을 지정하면 이러한 임의의 이름이 할당되는 것을 방지할 수 있다.

도커는 자동으로 최신 MySQL 버전을 내려받는다. 이제 imagini 네트워크에 imagini-database라는 데이터베이스 서버가 실행된다. 해당 포트를 호스트에 할당하지 않았는데, 이것은 예제의 맞춤형 네트워 크 외부에서는 여기에 접근할 필요가 없기 때문이다.

또한 처음에 생성될 데이터베이스와 루트 암호를 정의한 것을 알 수 있다. MySQL 버전 5.7을 의미하는 mysql:5.7로 이미지를 지정했다.

컨테이너에는 항상 특정 버전을 사용하는 것이 좋다. 최신 버전은 개발과 실무 간에 달라질 수 있으며, 어떤 버전을 실행하는지 명확해야 하므로 최신 버전은 사용하지 않아야 한다.

이 사항은 이 이미지와 관련돼 있으며, 자세한 내용은 공식 도커 허브 페이지에서 읽어볼 수 있다. 해당 로컬 폴더의 내용을 보면 서버가 실행 중임을 확인할 수 있다.

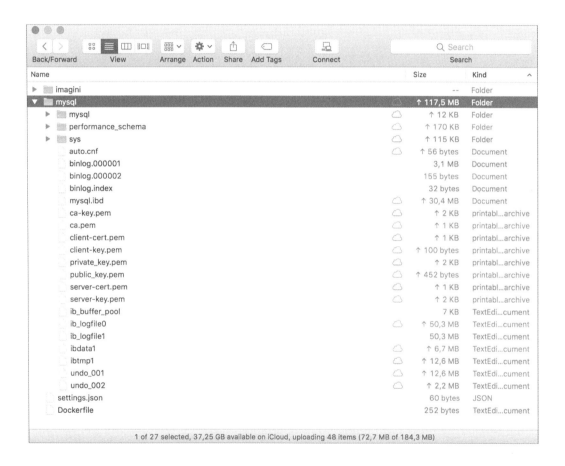

주 서비스 컨테이너를 시작하기 전에 몇 가지 변경을 적용해야 한다. 첫 번째로 settings 파일을 변경해 새로운 데이터베이스 위치의 구성을 가리키도록 해야 한다.

컨테이너에 올바른 이름을 사용할 때의 장점 중 하나는 DNS 이름을 사용하는 것처럼 컨테이너 이름을 사용할 수 있다는 것이다. 같은 네트워크상에 만든 다른 컨테이너에서 데이터베이스 서버에 접근할 수 있는지 확인할 수 있다.

이를 테스트하기 위한 컨테이너를 만들어보자.

```
● ● ●                                    1. base (bash)
> docker ps
CONTAINER ID        IMAGE          COMMAND              CREATED          STATUS          PORTS          NAMES
73ab6a508196        mysql          "docker-entrypoint.s…"  19 minutes ago   Up 19 minutes   3306/tcp       imagini-database
> docker run --rm -t -i --network imagini node:latest bash
root@3af1d1cbebd1:/# ping imagini-database -c 5
PING imagini-database (172.18.0.2): 56 data bytes
64 bytes from 172.18.0.2: icmp_seq=0 ttl=64 time=0.093 ms
64 bytes from 172.18.0.2: icmp_seq=1 ttl=64 time=0.132 ms
64 bytes from 172.18.0.2: icmp_seq=2 ttl=64 time=0.133 ms
64 bytes from 172.18.0.2: icmp_seq=3 ttl=64 time=0.128 ms
64 bytes from 172.18.0.2: icmp_seq=4 ttl=64 time=0.132 ms
--- imagini-database ping statistics ---
5 packets transmitted, 5 packets received, 0% packet loss
round-trip min/avg/max/stddev = 0.093/0.124/0.133/0.000 ms
root@3af1d1cbebd1:/# exit
> _
```

이미 사용 가능한 이미지를 사용하고 bash 콘솔을 통해 컨테이너를 시작했다. 데이터베이스 서버에 대해 ping을 수행하고 작동을 확인한 후 컨테이너를 종료했다. --rm 명령을 사용했으므로 해당 컨테이너는 처음으로 중지한 후 제거된다.

이어서 settings 파일을 새 위치로 이동하고 루트 암호를 변경해보자.

```
{
    "db": "mysql://root:secret@imagini-database/imagini"
}
```

이제 컨테이너를 다시 배포할 수 있다. 이 컨테이너에도 역시 이름을 지정한다.

```
● ● ●                                    1. base (bash)
> docker run \
> --name imagini-service \
> --network imagini \
> -p 80:3000 \
> -d \
> -v $(pwd)/settings.json:/opt/app/settings.json \
> imagini:0.0.5
1a078ec2e4bbd6ca6e763a3e5241f55898e9afe2a4aebf3a97ded9fd9dd31644
> docker ps
CONTAINER ID        IMAGE          COMMAND              CREATED             STATUS             PORTS                    NAMES
1a078ec2e4bb        imagini:0.0.5  "node /opt/app/imagi…"  Less than a second ago  Up 3 seconds       0.0.0.0:80->3000/tcp     imagini-service
284b3e9f88f7        mysql:5.7      "docker-entrypoint.s…"  About a minute ago  Up About a minute  3306/tcp                 imagini-database
> _
```

통계 주소를 사용하면 서비스가 새로운 데이터베이스 서버에 연결하고 정상적으로 작동하는 것을 알 수 있는데, 이전에 테스트하는 데 사용했던 이전 버전과 달리 이미지가 없다는 것도 알 수 있다.

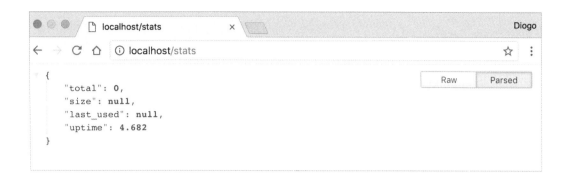

도커 컴포즈 사용

서비스가 간단한 인터페이스에서 작동하는 데 필요한 모든 컨테이너를 정의할 수 있다면 좋지 않을까? 도커 컴포즈(Docker Compose)가 이러한 일을 한다. 도커 컴포즈는 방금 수행한 작업을 보다 단순한 방식으로, 그리고 더 중요한 것은 분산 방식으로 수행할 수 있게 해주는 통합 도구다.

컨테이너가 상호 작용하는 방식과 필요한 것을 간단한 구조의 파일로 정의하고, 이 파일을 다른 호스트로 전송한 후 도커 컴포즈를 실행하면 이 도구가 자동으로 배포해준다.

도커 컴포즈는 사람이 읽을 수 있는 데이터 직렬화 언어인 YAML 파일을 사용한다. 이 파일은 읽고 이해하기 쉬우며, 복잡한 구성을 만들 수 있게 해준다.

예제의 두 컨테이너를 이 레이아웃으로 마이그레이션해보자. 당장 해야 할 일은 `docker-compose.yml` 파일을 만드는 것이다. 이 파일 안에서 두 개의 컨테이너와 네트워크, 포트, 볼륨을 정의한다. 다음 예제를 살펴보자.

```yaml
version: "3"
networks:
    imagini:
services:
    database:
        image: mysql:5.7
        networks:
        - imagini
        volumes:
        - ${PWD}/mysql:/var/lib/mysql
```

```
    environment:
        MYSQL_DATABASE: imagini
        MYSQL_ROOT_PASSWORD: secret
  service:
    image: imagini:0.0.5
    networks:
    - imagini volumes:
    - ${PWD}/settings.json:/opt/app/settings.json
    ports:
    - "80:3000"
    restart: on-failure
```

단계별로 살펴보자.

```
version: "3"
```

먼저, 도커 컴포즈 버전 3 구문과 기능을 사용해 서비스를 정의한다는 것을 지정한다.

```
services:
  database:
    image: mysql:5.7
    networks:
    - imagini
    volumes:
    - ${PWD}/mysql:/var/lib/mysql
    environment:
        MYSQL_DATABASE: imagini
        MYSQL_ROOT_PASSWORD: secret
```

그다음은 mysql:5.7을 사용해 데이터베이스를 정의하고 이를 imagini 네트워크에 연결하며 호스트 mysql 폴더를 사용해 데이터베이스를 저장하고 두 개의 환경 변수를 정의한다. 이전의 명령으로 했던 것과 정확히 같은 작업이다.

```
service:
  image: imagini:0.0.5
  networks:
  - imagini
```

```
volumes:
- ${PWD}/settings.json:/opt/app/settings.json
ports:
- "80:3000"
restart: on-failure
```

마지막으로 예제 서비스에 대해서도 같은 과정으로서, 이미지 이름 imagini:0.0.5, 네트워크, 로컬 settings 파일 및 포트를 할당한다. 그런데 재시작 정책이라는 아주 중요한 항목이 더 있다. 데이터베이스 서비스는 순간적으로 로드되지 않으므로 서비스가 시작 및 종료할 때 오류가 발생할 가능성이 높다. 도커는 데이터베이스 서버가 준비되면 서비스를 재시작하여 제대로 진행되도록 한다.

도커 컴포즈 프로젝트를 작성하므로 서비스 이름에 imagini를 사용하지 않을 수 있으며, 따라서 settings 파일을 다음과 같이 변경해야 한다.

```
{
    "db": "mysql://root:secret@database/imagini"
}
```

이제 docker-compose up을 실행해 확인할 수 있다. 그러면 imagini 프로젝트 아래에 같은 폴더 이름으로 컨테이너가 배포된다.

컨테이너가 시작되지만 분리되지 않은 것을 알 수 있다. *Ctrl + C*를 눌러 컨테이너를 중지한다.

이번에는 -d 매개변수를 사용해 올바르게 실행한다.

잘 작동한다! 이제 하나의 명령으로 필요한 모든 것을 제공하고 서비스를 시작할 수 있다. 이 폴더를 필요한 동료에게 전달하면 거의 곧바로 서비스를 실행할 수 있다.

도커 컴포즈 고급 활용

서비스를 시작하고 실행한 후 이러한 서비스를 잘 관리하려면(구체적으로 말해 서비스의 상태를 제어하고 모니터링하려면) 더 많은 정보가 필요하다.

특정 서비스를 살펴보려면 원래 이름만 알면 된다. 이 예에서는 서비스와 데이터베이스만 선택할 수 있다. 서비스를 살펴보자.

```
1. base (bash)
> docker-compose logs service
Attaching to imagini_service_1
service_1  | /opt/app/imagini.js:14
service_1  |     if (err) throw err;
service_1  |     ^
service_1  |
service_1  | Error: connect ECONNREFUSED 172.19.0.3:3306
service_1  |     at TCPConnectWrap.afterConnect [as oncomplete] (net.js:1174:14)
service_1  |     --------------------
service_1  |     at Protocol._enqueue (/opt/app/node_modules/mysql/lib/protocol/Protocol.js:145:48)
service_1  |     at Protocol.handshake (/opt/app/node_modules/mysql/lib/protocol/Protocol.js:52:23)
service_1  |     at Connection.connect (/opt/app/node_modules/mysql/lib/Connection.js:130:18)
service_1  |     at Object.<anonymous> (/opt/app/imagini.js:13:4)
service_1  |     at Module._compile (internal/modules/cjs/loader.js:654:30)
service_1  |     at Object.Module._extensions..js (internal/modules/cjs/loader.js:665:10)
service_1  |     at Module.load (internal/modules/cjs/loader.js:566:32)
service_1  |     at tryModuleLoad (internal/modules/cjs/loader.js:506:12)
service_1  |     at Function.Module._load (internal/modules/cjs/loader.js:498:3)
service_1  |     at Function.Module.runMain (internal/modules/cjs/loader.js:695:10)
service_1  | ready
> _
```

앞서 언급했듯이 서비스는 처음에 실패할 가능성이 높으며, 도커가 이를 준비될 때까지 재시작한다. 이 현상을 이 로그에서 확인할 수 있다. 모든 서비스가 섞여 있는 로그를 날짜별로 보려면 간단하게 서비스 이름을 생략하면 된다.

기억해야 할 다른 중요한 명령으로 실행 중인 서비스를 나열하는 명령이 있다. 명령 자체는 도커와 동일하지만 구성에 있는 서비스만 나열하는 차이가 있다.

```
1. base (bash)
> docker-compose ps
        Name                    Command            State        Ports
-------------------------------------------------------------------------------
imagini_database_1   docker-entrypoint.sh mysqld    Up      3306/tcp
imagini_service_1    node /opt/app/imagini          Up      0.0.0.0:80->3000/tcp
> _
```

마지막으로, 배포에 속한 모든 항목을 중지하고 제거하려면 docker-compose down 명령을 실행하면 된다. 이 명령은 컨테이너를 중지하고 완전히 제거하며 흔적을 전혀 남기지 않는다.

```
1. base (bash)

> docker-compose ps
        Name                    Command              State          Ports

imagini_database_1    docker-entrypoint.sh mysqld    Up      3306/tcp
imagini_service_1     node /opt/app/imagini          Up      0.0.0.0:80->3000/tcp
> docker-compose down
Stopping imagini_database_1 ... done
Stopping imagini_service_1  ... done
Removing imagini_database_1 ... done
Removing imagini_service_1  ... done
Removing network imagini_imagini
> _
```

요약

이 장에서는 서비스를 여러 호스트에서 일관된 방법으로 배포할 수 있는 도구를 살펴봤다. 데이터베이스 서버를 조율할 때와 마찬가지로 다른 서비스를 조율하여 최대한 많은 의존성을 제어 가능한 상태로 유지할 수 있다. 이를 통해 개발부터 배포까지의 전환을 최대한 매끄럽게 진행할 수 있다.

다음 장에서는 여기에서 배운 내용을 한 단계 더 발전시켜 도커와 다른 도구의 고급 서비스 배포 지원 기능을 알아본다. 7장에서는 도커 도구를 사용해 복제를 만들어 서비스를 확장하는 방법을 알아본다. 또한 서비스 파트를 분산하고 상태를 모니터링하는 방법을 배운다.

확장, 샤딩, 복제

이제 최소한의 노력으로 마이크로서비스를 어디로든 배포할 수 있게 됐다. 다음으로 이러한 능력을 바탕으로 마이크로서비스를 확장해 처리량이 높은 환경을 지원하는 방법을 알아보자.

시작하기 전에 7장에서 다룰 각 주제가 어떤 의미인지 간단하게 정리해보자. 가장 쉬운 주제는 마지막에 다룰 복제이며, 서비스를 복제(또는 복사)하는 것을 의미한다. 기본적으로 마이크로서비스를 복제한다는 것은 동시에 여러 인스턴스를 (일반적으로 다른 위치에서) 실행하는 것을 의미한다.

샤딩은 복제와 비슷하지만, 목적이 다르다. 복제는 각 복제본이 하나의 완전한 서비스로 작동하지만, 샤딩은 각 샤드가 서비스의 일정 부분이며 모든 샤드가 있어야 서비스를 가동할 수 있다. 샤딩은 아주 대규모의 데이터베이스 서버에서 일반적으로 많이 사용된다.

마지막으로 확장은 복제와 샤딩 모두에서 공통적인 수단이다. 이 둘은 모두 서비스를 확장할 수 있게 해준다. 확장은 더 많은 부하나 장애 이벤트를 처리할 수 있도록 마이크로서비스를 성장시키는 프로세스다.

일관되게 배포하는 능력은 중요하다. 서비스를 실행하기 위한 일관된 기본 레이아웃이 있으면 개발과 테스트를 더 자신 있게 할 수 있으며, 서비스를 여러 위치로 더 빠르게 배포하는 것은 물론 여러 위치로 복제할 수도 있다. 마이크로서비스를 복제하면 병렬로 개발할 수 있고, 모든 개발자가 자신의 시스템에 작동하는 인스턴스를 가질 수 있다. 또한 실무 환경에서도 다음과 같은 여러 장점이 있다.

- **분산**: 서비스를 고객과 가까운 여러 지리적 위치에 분산하면 모든 위치에서 지연 시간을 줄일 수 있다.

- **내결함성**: 서비스에 가동 중단이 발생하거나 측정 인스턴스가 최대 사용량에 도달한 경우 고객을 사용량이 낮은 인스턴스로 라우팅할 수 있다.

- **중단 시간 최소화**: 서비스의 복제본이 충분하게 확보되면 인프라의 상당 부분이 외부 사고에 영향을 받아 중단되더라도 전체 서비스는 여전히 사용할 수 있다.

고객과 가까운 지리적 위치에 서비스를 분산할 수 있으며, 일반적으로 대륙별로 서비스를 분산하면 대륙 간 지연 시간을 방지할 수 있다. 또한 서비스가 광범위하게 사용되는 경우 대륙별로 여러 개의 인스턴스(예: 국가별로 하나씩)를 사용할 수도 있다.

내결함성과 중단 시간 최소화는 서로 연관돼 있다. 일부 인스턴스에서 장애가 발생하더라도 서비스 작동이 가능하면 사용자에게는 중단 시간이 없는 것처럼 느껴진다. 이러한 기능은 모든 인스턴스를 중단하지 않고 서비스를 업그레이드하려는 경우에도 아주 중요하다. 고객을 다른 인스턴스로 라우팅하는 동안 각 인스턴스를 단계적으로 업그레이드하여 글로벌 서비스를 사실상 온라인으로 유지할 수 있다.

7장에서는 도커와 스웜을 사용해 서비스를 복제하는 방법을 알아본다. 나중에는 로컬에서 마이크로서비스를 쿠버네티스로 손쉽게 마이그레이션하는 방법을 배운다.

네트워크 확장

서비스를 확장하는 것만으로는 충분하지 않다. 서비스의 인스턴스를 만들기만 하면 자동으로 함께 작동하는 것은 아니다. 서비스를 확장하는 데는 중요한 두 단계가 있다.

- 인스턴스가 함께 작동하게 한다.
- 인스턴스에 접근 가능하게 한다.

인스턴스가 서로 통신할 필요는 없지만, 서로 방해하지 않고 작업할 수 있어야 한다. 또한 이전에 다른 인스턴스가 처리하던 클라이언트의 요청을 처리할 수 있어야 한다. 이 책의 예에서는 다른 인스턴스가 업로드한 이미지를 조작할 수 있어야 한다는 의미다. 이렇게 하면 한 인스턴스가 중단되더라도 다른 인스턴스가 서비스를 계속할 수 있다.

인스턴스에 접근할 수 있게 하려면 사용자의 위치와 가까운 인스턴스로 사용자를 라우팅할 수 있어야 한다. 즉, 인스턴스를 모니터링하고 사용자를 온라인 인스턴스로 분산해야 한다.

일반적으로 서비스는 DNS 주소를 통해 접근할 수 있다. 사용자를 최적의 인스턴스로 연결하기 위해 주소 이름 확인을 (될 수 있으면 지리적 기준으로) 제어할 수 있어야 하며, 인스턴스로 직접 연결하거나 프록시로 근접한 인스턴스를 모니터링하고 정책에 따라 트래픽을 프록시할 수 있다.

정책에는 여러 종류가 있다. 예를 들어, 프록시가 인스턴스의 사용량을 모니터링할 수 있으면 새로운 요청을 사용량이 적은 인스턴스로 보낼 수 있다. 또는 라운드 로빈 방식으로 요청을 분산할 수 있다.

또한 IP 주소에 따라 트래픽을 라우팅하는 일반적인 정책이 있다. 예를 들어 세 개의 인스턴스가 있는 경우 IP 주소를 3으로 나누고 나머지 값(0, 1, 2)을 사용해 인스턴스를 선택할 수 있다.

마이크로서비스 복제

6장에서는 두 개의 컨테이너를 시작하는 도커 컴포즈 구성을 만드는 것으로 마무리했다. 하나는 마이크로서비스를 위한 컨테이너이고, 다른 하나는 데이터를 저장할 데이터베이스를 위한 컨테이너다.

```
1. nazgul-2.local: /Users/dresende/imagini (bash)

~/imagini > docker-compose ps
         Name              Command              State        Ports
-----------------------------------------------------------------------------
imagini_database_1  docker-entrypoint.sh mysqld   Up     3306/tcp
imagini_service_1   node /opt/app/imagini         Up     0.0.0.0:80->3000/tcp
~/imagini > _
```

도커 컴포즈로 배포할 때 컨테이너 이름에 _1 접미사가 붙은 것을 알 수 있다. 이것은 도커 컴포즈가 도커 스웜을 이용해 인스턴스를 복제한다고 가정하기 때문이다.

도커 스웜(docker swarm)은 도커 엔진의 다른 구성 요소로서, 클러스터의 호스트 중 하나에서 간단한 도구를 사용해 마이크로서비스 인스턴스를 실행하는 호스트 클러스터를 만들 수 있게 해준다.

스웜(swarm)은 도커에서 노드 클러스터를 지칭하는 이름이다. 현재 호스트를 스웜의 관리자로 사용해 새로운 스웜을 만들어보자. 필자는 macOS용 도커를 사용하므로 다른 호스트를 시뮬레이트하려면 도커 가상 머신을 만들어야 한다. 리눅스 시스템을 사용하는 경우 두 개의 다른 호스트로 간단하게 테스트할 수 있다.

필자와 같이 macOS를 사용하는 독자는 다음 단계를 따른다. 도커 호스트로 사용할 가상 머신 두 개를
만들어보자. 우선 다음과 같이 현재 어떤 가상 머신이 있는지 확인한다.

```
docker-machine ls
```

다음과 같은 결과가 표시된다.

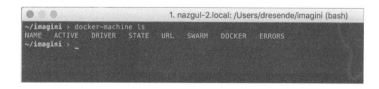

현재는 가상 머신이 없다. 다음 명령을 실행하여 관리자 노드를 만들어보자.

```
docker-machine create manager
```

그러면 도커가 새로운 가상 머신을 생성하고 새로운 IP 주소를 할당하며 해당 머신 안에서 도커 엔진을
준비한다.

```
● ● ●                          1. nazgul-2.local: /Users/dresende/imagini (bash)
~/imagini > docker-machine ls
NAME    ACTIVE    DRIVER    STATE    URL    SWARM    DOCKER    ERRORS
~/imagini > docker-machine create manager
Running pre-create checks...
Creating machine...
(manager) Copying /Users/dresende/.docker/machine/cache/boot2docker.iso to /Users/dresende/.docker/machine/machines/manager/boot2docker.iso...
(manager) Creating VirtualBox VM...
(manager) Creating SSH key...
(manager) Starting the VM...
(manager) Check network to re-create if needed...
(manager) Waiting for an IP...
Waiting for machine to be running, this may take a few minutes...
Detecting operating system of created instance...
Waiting for SSH to be available...
Detecting the provisioner...
Provisioning with boot2docker...
Copying certs to the local machine directory...
Copying certs to the remote machine...
Setting Docker configuration on the remote daemon...

This machine has been allocated an IP address, but Docker Machine could not
reach it successfully.

SSH for the machine should still work, but connecting to exposed ports, such as
the Docker daemon port (usually <ip>:2376), may not work properly.

You may need to add the route manually, or use another related workaround.

This could be due to a VPN, proxy, or host file configuration issue.

You also might want to clear any VirtualBox host only interfaces you are not using.
Checking connection to Docker...
```

다음과 같이 현재 가상 머신을 확인한다.

```
docker-machine ls
```

이제 새로운 가상 머신이 준비됐다. 가상 머신의 IP 주소는 URL 열에 표시된다.

도커 엔진에는 노출된 API가 있어 다른 호스트의 도커 명령을 사용하여 도커 호스트를 관리할 수 있다. URL 열은 해당 호스트를 관리하는 API 주소를 나타낸다.

도커 명령을 구성하여 이 새로운 호스트를 관리하는 약간의 헬퍼 명령을 사용할 수 있다. 다음 명령을 입력한다.

```
docker-machine env manager
```

그리고 표시되는 지침을 따른다.

이제 이 터미널은 그대로 두고 새로운 탭을 열어 두 번째 가상 머신을 만든다. 이 가상 머신의 이름을 replica로 지정한다. 이 가상 머신은 마이크로서비스의 두 번째 인스턴스를 실행한다.

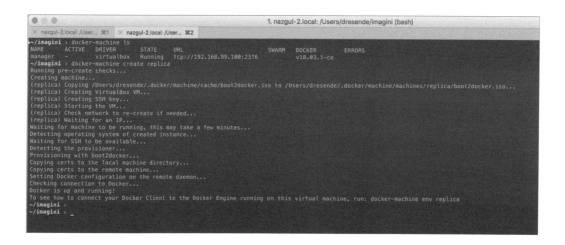

다시 다음 명령을 실행하면 새로운 가상 머신이 잘 준비됐는지를 확인할 수 있다.

```
docker-machine ls
```

두 개의 가상 머신이 제대로 준비됐다.

관리자 호스트가 있는 첫 번째 탭에서 스웜을 만들어보자. 가상 머신에 더 많은 주소가 있으므로 광고 주소(advertisement address)를 지정하지만, 이전에 표시된 네트워크에서 광고를 수행하기를 원하므로 끝에 특정 IP 주소를 지정한다.

도커는 스웜을 생성한 후 일종의 비밀 토큰을 사용해 다른 호스트를 스웜에 참여시키는 방법을 보여준다. 나중에 다른 노드를 추가하려면 이 명령을 저장해둔다.

이제 두 번째 탭에서 복제본 호스트를 관리하고 스웜에 참여하도록 도커 명령을 변경해보자.

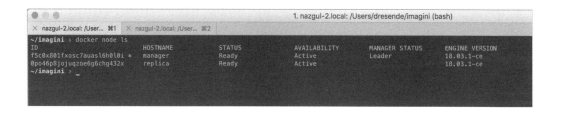

이제 스웜에 두 개의 노드가 있다. 지금부터는 콘솔의 첫 번째 탭은 관리자 호스트이고, 두 번째 탭은 복제본 호스트라고 가정한다.

관리자에서 docker node ls 명령을 사용하면 스웜에 두 개의 활성 노드가 있는 것을 볼 수 있다.

스웜으로 배포

지금까지 스웜에 깨끗한 노드 두 개를 만들었다. 다음은 조금 뒤로 돌아가서 노드에 서비스를 위한 준비를 해야 한다. 구체적으로 말하면 이미지를 다시 만들어야 한다.

이번에는 Dockerfile이 있으므로 간단하게 다음 명령을 실행한다.

```
docker build -t imagini:0.0.5 .
```

다른 호스트에서도 명령을 실행한다.

이제 두 노드에서 이미지를 사용할 수 있다. 데이터베이스 컨테이너에도 이미지가 필요하지만, 이 이미지는 게시된 공식 이미지이므로 빌드하지 않아도 필요할 때 도커가 내려받는다.

이제 도커 스택 도구를 사용해 이미지를 배포할 수 있다. 이 도구는 서비스를 배포하는 방법을 확인하기 위해 이전 도커 컴포즈 구성을 사용한다. 그런데 그 전에 구성을 약간 수정해야 한다.

아직은 데이터베이스 서버를 분산할 준비가 되지 않았으므로 현재는 데이터베이스가 하나의 복제본만 가지도록 한다. 이를 위해 구성에 다음 섹션을 추가한다.

```
deploy:
   replicas: 1
   placement:
      constraints: [node.role == manager]
```

이 섹션은 복제본이 하나만 필요하며 컨테이너를 관리자 노드에 배치(실행)하도록 지정한다.

또한 컨테이너가 더 이상 로컬이 아닌 가상 시스템에서 실행 중이기 때문에 데이터베이스 볼륨을 변경해야 한다. 볼륨 섹션을 다음과 같이 수정한다.

```
volumes:
- /var/lib/mysql:/var/lib/mysql
```

관리자 가상 머신에 폴더를 만들어야 한다. 다음 명령을 실행한다.

```
docker-machine ssh manager 'mkdir /var/lib/mysql'
```

종합하면 다음과 같은 구성이 만들어진다.

```
version: "3"
networks:
    imagini:
services:
    database:
        image: mysql:5.7
        networks:
        - imagini
        volumes:
        - /var/lib/mysql:/var/lib/mysql
        ports:
        - "3306:3306"
        environment:
            MYSQL_DATABASE: imagini
            MYSQL_ROOT_PASSWORD: secret
        deploy:
            replicas: 1
            placement:
                constraints: [node.role == manager]
    service:
        image: imagini:0.0.5
        networks:
        - imagini

    volumes:
```

```
- ${PWD}/settings.json:/opt/app/settings.json
ports:
- "80:3000"
```

관리자 노드를 제어하는 첫 번째 탭으로 이동하고 다음 명령을 실행한다.

```
docker stack deploy --compose-file docker-compose.yml imagini
```

그러면 배포가 시작된다. 이 명령은 스웜에 네트워크를 생성하고 두 서비스를 배포한다.

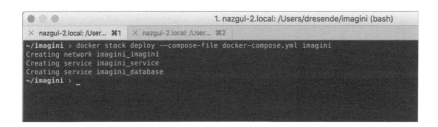

잠시 기다린 후 다음 명령을 실행한다.

```
docker stack ps imagini
```

이 명령은 docker ps와 같은 작업을 하지만, 스택을 대상으로 한다.

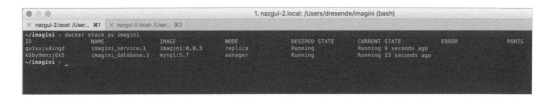

볼 수 있는 유일한 차이는 컨테이너의 이름 끝에 .1이 붙었고 새로운 NODE 열이 컨테이너가 스웜 안에서 실행되고 있음을 알려준다는 것이다.

예제 컨테이너는 두 가상 머신 안의 스웜에서 실행되므로 서비스가 실행되는 노드의 IP 주소를 사용해야 한다. 스크린샷을 보면 복제본 머신에 있는 것을 알 수 있다.

주소는 192.168.99.101이다. 브라우저로 이동하고 서비스가 작동하는지 확인한다.

잘 작동한다! 그런데 이것이 스웜이라면 네트워크 내 어디에서나 사용할 수 있지 않을까? 맞다, 어디에서나 사용 가능해야 한다. 다른 노드 주소도 확인한다.

역시 잘 작동한다. 두 서비스에 대해 각기 하나의 인스턴스만 있으며, imagini 서비스는 복제본에 있는 것을 확인한다. 스웜 노드의 어디에서나 사용할 수 있지만, 어떤 이유로든 장애가 발생하면 접근할 수 없게 된다.

스웜에서 인스턴스(복제본)의 수를 확장해서 이 문제를 완화할 수 있다. 이를 위해 다음 명령을 실행해 스케일을 두 인스턴스로 변경한다.

```
docker service scale imagini_service=2
```

도커는 배포를 처리하고 모든 것이 예상대로 처리됐는지 확인한다.

다음 명령으로 언제든지 서비스의 상태를 검사할 수 있다.

```
docker service ls
```

서비스의 2/2 복제본이 실행 중이다.

브라우저로 가보면 두 주소가 예상대로 작동하고 있지만, 백그라운드로 두 서비스가 실행되고 있다. 작동 시간을 의미하는 uptime 속성으로 이를 알 수 있다.

간단한 테스트로 두 주소를 반복해서 새로 고치면 작동 시간이 조금씩 변한다. 이는 두 인스턴스를 서로 다른 시간에 배포했기 때문이다. 통계는 데이터베이스 서버에서 가져오므로 동일하지만 uptime은 프로세스 작동 시간이므로 차이가 난다.

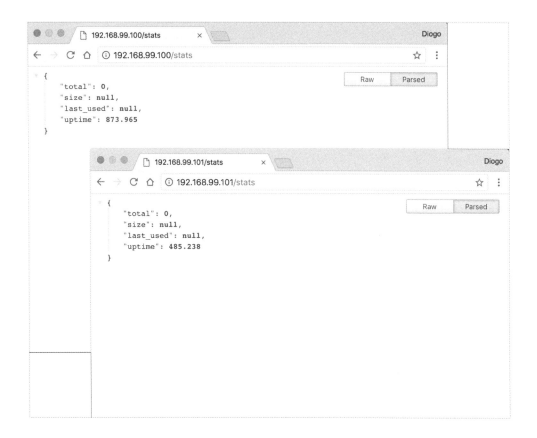

스웜은 일정하지 않으며, 같은 인스턴스에 대해 같은 주소를 제공하지 않고 계속 순환한다.

스웜은 또한 컨테이너 인스턴스를 모니터링한다. 예를 들어 호스트에서 작업하는 동안 실수로 컨테이너를 중지했다고 가정해보자.

두 개의 복제본이 실행 중이므로 치명적인 문제는 아닐 것이다. 그런데 브라우저로 가서 새로 고침을 눌러보면 약간 이상한 점을 볼 수 있다.

uptime이 어떻게 된 걸까? 몇 초 정도로 줄어들었다. 그 이유는 스웜이 컨테이너가 중지된 것을 감지하고 재시작했기 때문이다. 도커 컨테이너를 보면 아직 실행 중인 것을 알 수 있다. 물론 실제로는 재시작된 것이다.

인스턴스를 더 확장하려는 경우에도 스웜 노드를 추가할 필요는 없다. 같은 노드에서 실행 중인 같은 컨테이너의 인스턴스 수에는 제한이 없다. 이것은 사실 좋은 방식이다.

이 방식을 사용하면 확장된 환경에서 서비스를 사용할 준비가 됐는지 테스트할 수 있으며, 최소 하나 이상의 컨테이너를 사용자에게 제공하면서 컨테이너를 하나씩 중지하고 업그레이드하여 단계별 업그레이드를 테스트할 수 있다.

서비스를 5개 인스턴스로 확장해보자.

이 노드에서 5개의 서비스 중 2개의 서비스와 데이터베이스 인스턴스가 실행 중인 것을 확인한다. 나머지 3개의 서비스 인스턴스는 복제판 노드에 있다. 이것은 스웜이 인스턴스에 대해 로드 밸런싱(load balancing) 수행하기 때문이다.

서비스 생성

앞의 예에서 도커 서비스 명령을 사용해 인스턴스를 확장한 것을 알 수 있는데, 이 명령은 기본 도커 명령과 비슷하지만 서비스와 확장을 고려한 것이며 이를 사용해 손쉽게 컨테이너를 생성하고 확장할 수 있다.

MySQL에는 간단한 복제 메커니즘이 없다. 두 가지 방법이 가능하지만 각기 단점이 있다.

- 서로의 마스터로 노드 집합을 만들고 결국에는 혼란을 초래할 복잡한 연결망을 만든다.

- 더 많은 노드를 포함하며 마찬가지로 복잡한 배포로 이어지는 클러스터를 만든다. 관리는 더 쉽지만, 유지 관리에 리소스가 많이 필요하다.

6장에서 배운 내용을 활용하면 다른 데이터베이스를 사용하도록 손쉽게 서비스를 변경할 수 있다. 더 구체적으로 말하면 더 클러스터 친화적인 메커니즘을 가진 RethinkDB로 변경할 수 있다.

imagini 서비스를 RethinkDB를 사용하는 서비스로 교체하고, 특히 이번에는 도커 서비스 명령을 사용해 단계별 과정을 확인해보자.

먼저 RethinkDB 클러스터를 준비해야 한다. 클러스터를 복원력 있게 만들기 위해 다음 과정을 따른다.

1. db-primary 인스턴스를 생성한다.

2. db-secondary 인스턴스를 생성하고 db-primary에 참여하게 한다.

3. db-secondary를 2개 인스턴스로 확장한다. 이제 올바른 3노드 클러스터가 만들어졌다.

4. db-primary를 제거한 후 재생성하면서 db-secondary에 참여하도록 한다.

5. db-primary를 2개 인스턴스로 확장한다.

이제 같은 종류로 각기 2개씩, 장애가 발생하면 상대에 참여하는 4개의 노드가 만들어진다. 이를 통해 *단일 장애점(single point of failure)*이 생기는 것을 방지할 수 있다.

모든 작업을 수동으로 진행하므로 네트워크를 만드는 것부터 시작해야 한다. 다음과 같이 네트워크 imagini를 생성한다.

```
docker network create --driver overlay imagini
```

나중에 삭제할 것이므로 1 복제본을 포함하는 db-primary를 생성한다.

```
docker service create --name db-primary \
    --network imagini \
    --replicas 1 \
    rethinkdb:latest \
    rethinkdb --bind all --no-http-admin
```

1 복제본을 포함하는 db-secondary를 생성하고 db-primary에 가입하게 한다.

```
docker service create --name db-secondary \
    --network imagini \
    --replicas 1 \
    rethinkdb:latest \
    rethinkdb --bind all --no-http-admin --join db-primary
```

이제 다음과 같은 결과를 얻는다.

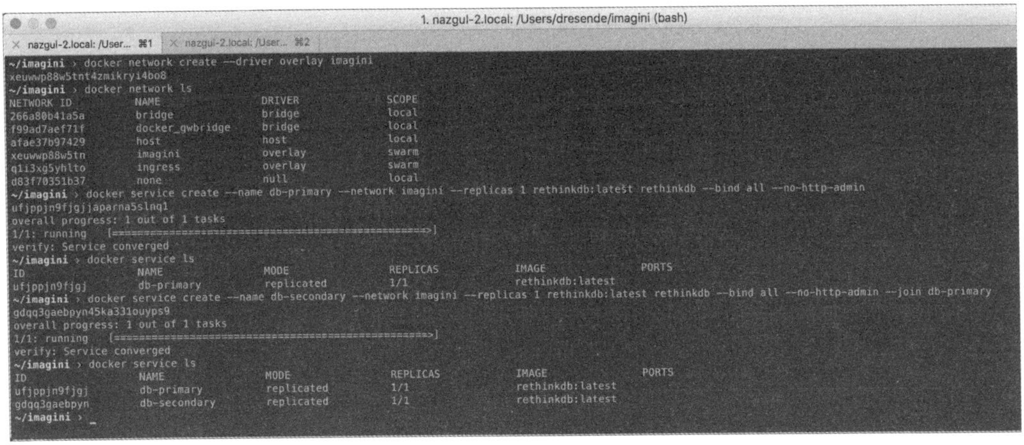

db-secondary를 2개의 인스턴스로 확장한다.

```
docker service scale db-secondary=2
```

그다음 db-primary를 제거하고 다시 만든다.

```
docker service create --name db-primary \
      --network imagini \
      --replicas 1 \
      rethinkdb:latest \
      rethinkdb --bind all --no-http-admin --join db-secondary
```

그다음 2개의 인스턴스로 확장한다.

```
docker service scale db-primary=2
```

이제 인스턴스는 총 4개가 있다. 서비스를 나열하면 다음 그림과 같은 결과가 나온다.

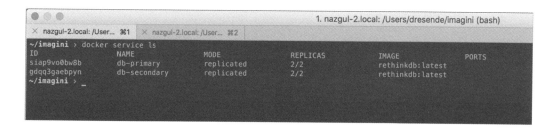

컨테이너를 중지하고 잠시 기다리면 별도의 조작 없이도 자동으로 재시작된다.

이렇게 클러스터에 대비한 데이터베이스를 만들었으므로, 다음은 클러스터에 접근하기 위한 프록시가 필요하다.

```
docker service create --name database \
      --network imagini \
      --publish 8080:8080 \
      --publish 28015:28015 \
      rethinkdb:latest \
      rethinkdb proxy --bind all --join db-primary
```

서비스를 살펴보면 4개의 클러스터 노드와 데이터베이스 프록시가 있음을 알 수 있다. 이 프록시는 데이터 관리와 접근에 사용된다.

관리 포트 8080이 노출된 것을 볼 수 있다. 브라우저에서 스웜 주소 중 하나의 해당 포트로 이동하면
RethinkDB 관리 인터페이스를 볼 수 있다.

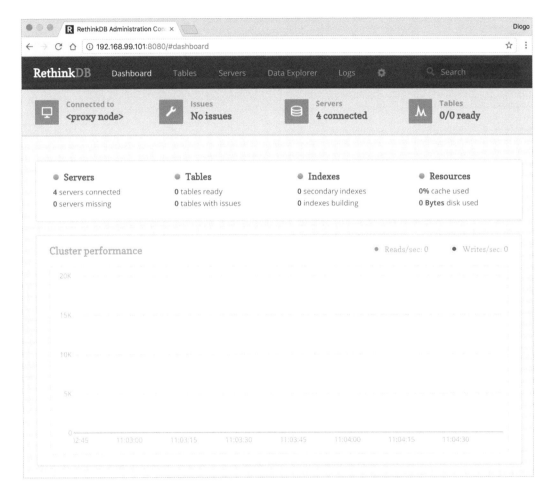

잘 작동한다! Servers 라벨 아래에 **4 servers connected** 항목이 있다. 또한 상단의 **Servers** 섹션을
선택하면 인스턴스가 모두 제대로 작동 중인 것을 볼 수 있다.

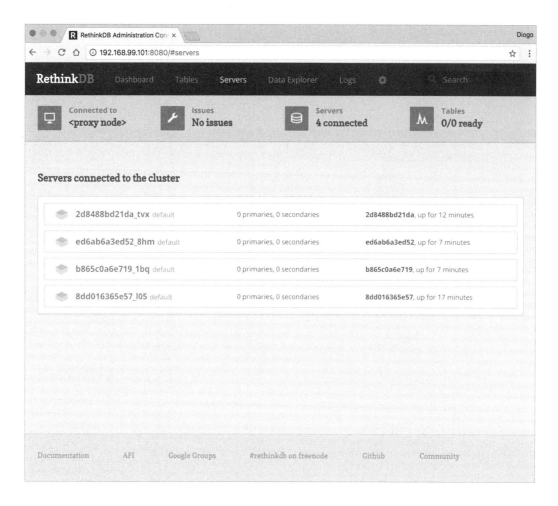

이 인터페이스를 사용해 Tables 섹션에서 imagini 데이터베이스를 생성한다.

서비스 실행

마지막으로 예제의 주 서비스를 다시 빌드하는 과정이 남았다. RethinkDB를 사용하기 위해 소스를 수정했다면 다른 의존성을 가지도록 package.json 파일을 변경하고 Dockerfile을 사용해 다시 빌드해야 한다. 도커 볼륨이라는 다른 테마를 사용하지 않으려면 settings 파일에 의존하지 말고 RethinkDB 연결을 변경한다.

```
rethinkdb.connect({ host: "database", db: "imagini" }, (err, db) => {
```

이렇게 하면 설정 파일을 마운팅할 필요를 완전히 없앨 수 있다. 이제 버전을 증가시키고 두 탭에서 모두 빌드한다.

```
docker build -t imagini:0.0.6 .
```

이제 서비스만 생성하면 된다.

```
docker service create --name imagini --network imagini --publish 80:3000 imagini:0.0.6
```

잠시 기다리면 서비스가 작동한다.

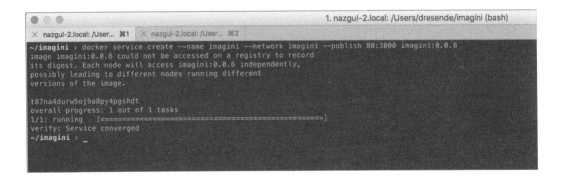

서비스를 곧바로 3개의 인스턴스로 확장할 수도 있다.

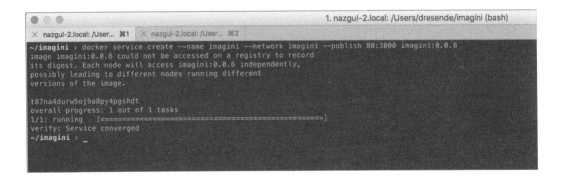

서비스가 포트 80에 노출된 것을 볼 수 있다. 이전과 마찬가지로 서비스가 잘 작동한다. 서비스를 방금 시작했으므로 이미지는 아직 없다. 다음과 같이 예제 이미지를 업로드한다.

RethinkDB 관리 인터페이스에서 결과를 확인할 수 있으며, 다른 스웜 주소를 사용해도 이미지를 다운 로드할 수 있다.

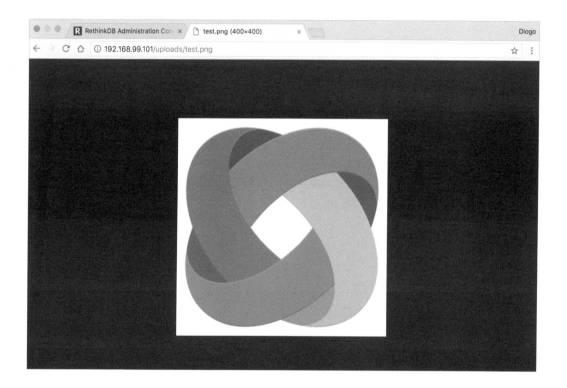

샤딩

샤딩(sharding)이란 데이터를 여러 다른 위치로 조각화하는 프로세스다. 이를 통해 대규모 데이터 집합 을 각기 작은 집합을 저장하는 여러 서버로 분할할 수 있다. 이 접근법은 10TB 디스크 공간이 필요할 때 5TB 디스크 두 개를 결합하는 RAID 0 구성과 비슷하다.

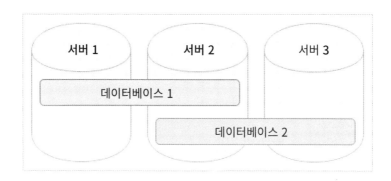

샤딩은 확장의 일종으로 볼 수 있지만 단점이 있다. 데이터의 각 조각은 복사본이 아닌 필수 요소로서 중요하다. 샤딩을 사용하면 배포가 좀 더 복잡해지지만 아주 대규모의 데이터 집합을 처리할 때는 다른 선택의 여지가 없을 수 있다.

복제

복제(replicating)란 데이터의 복사본을 여러 다른 위치로 복사하는 프로세스다. 이를 통해 다른 서비스가 동일한 데이터를 제공할 수 있으므로 처리량을 높일 수 있다. 복제도 모든 데이터를 동기화해야 하므로 적어도 데이터베이스 서버에서는 복잡성을 높인다.

복제를 수행하면 서버 노드의 일부에서 장애가 발생하더라도 구성에 따라서는 중복성을 제공할 수 있다. 두 개 이상의 애플리케이션에서 데이터베이스 클러스터를 사용하는 경우, 모든 클러스터 노드에 복제본이 있을 필요는 없으며, 요구 사항에 따라 결정하면 된다.

샤딩과 복제

예제 서비스는 이제 RethinkDB를 사용하므로 샤딩과 복제를 동시에 사용해 두 기술의 장점을 함께 취할 수 있다. 관리 콘솔로 이동하고 상단의 Tables 탭을 클릭한다.

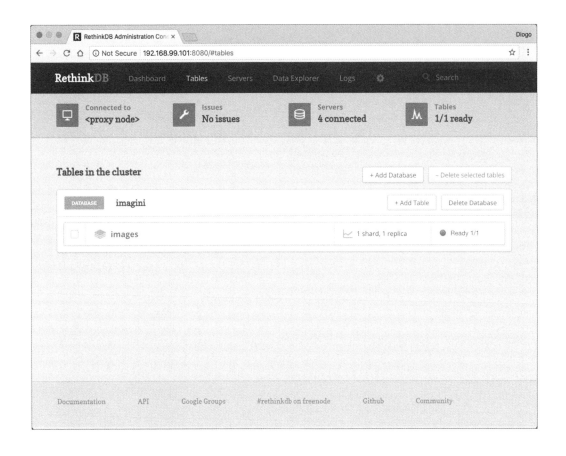

images 테이블을 클릭하고 아래로 스크롤한다.

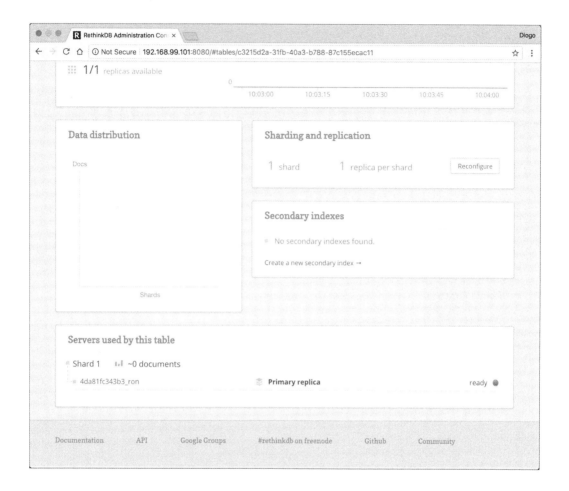

테이블이 하나의 샤드(기본값)에 있으며, 샤드당 하나의 복제본이 있다. 아래쪽을 보면 테이블을 저장하는 예제 클러스터의 서버(파란색 링크)가 있다. **Apply configuration**을 클릭한다.

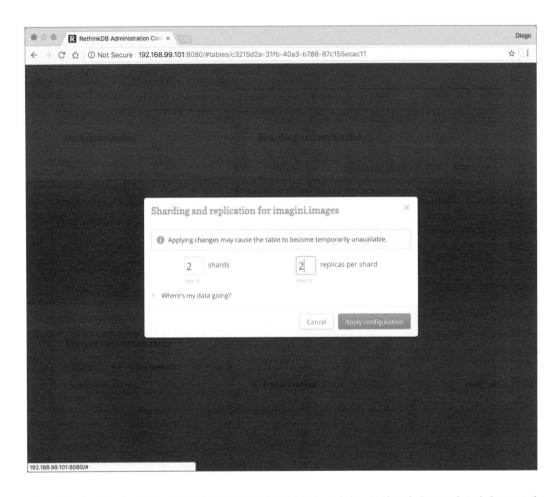

샤드의 수와 모든 샤드의 복제본의 수를 구성할 수 있다. 이 예에서는 클러스터에 노드가 4개이므로 4개 샤드와 4개 복제본의 제한이 적용된다. 그 이상의 숫자는 의미가 없다.

테이블을 2개 샤드와 2개 복제본으로 구성하고 적용해보자. 잠시 기다린 후 테이블이 분산된 결과를 볼
수 있다.

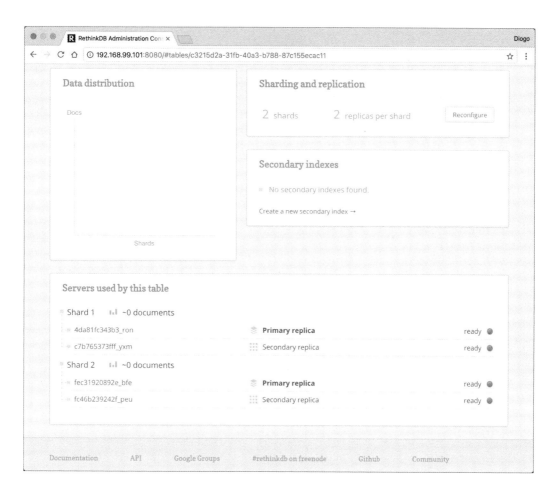

한 노드가 재시작해도 데이터베이스는 문제없이 실행되며, 노드가 온라인이 되면 모든 항목을 복구하고
동기화한다. 직접 확인해보자. 도커 가상 머신 중 한 콘솔로 이동하고 데이터베이스 컨테이너 중 하나를
재시작한다.

관리 콘솔을 열어두면 잠시 후 다음 그림과 같은 결과가 표시된다.

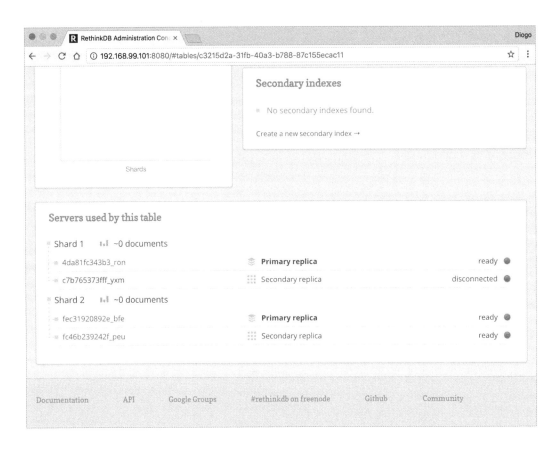

곧이어 서버가 재연결하고 모든 항목이 즉시 복구된다. 그러나 이 기능은 데이터베이스 서버 및 클러스터 유형에 따라 달라질 수 있다. 실무 환경에서 사용하도록 선택된 데이터베이스 서버에 대해서는 운영팀이 잘 알 것이다.

지금까지 필요에 맞게 조절하고 확장할 수 있는 실무 대비 환경을 만들어봤다.

쿠버네티스로 이동

쿠버네티스(Kubernetes)는 보그(Borg)라고 하는 이전 구글 시스템을 개발한 구글 개발자 그룹이 처음 시작했다. 쿠버네티스의 목표는 애플리케이션의 배포, 확장 및 유지 관리를 지원하는 것이다. 2014년 처음 발표됐을 때는 이와 비교할 수 있는 다른 오픈 소스 프로젝트가 없었다. 즉, 당시에는 도커 스웜, 도커 네트워크 또는 도커 서비스가 없었다.

예제 마이크로서비스를 쿠버네티스에서 정상적으로 실행하기 위해 어떤 변경이 필요한지 알아보자. 그런데 먼저 쿠버네티스에 사용되는 몇 가지 개념을 명확하게 정리할 필요가 있다.

- **포드(pod)**: 포드는 일부 리소스를 공유하므로 같은 호스트에 배치해야 하는 하나 이상의 컨테이너로 구성된다. 포드에는 포트 충돌을 피하기 위해 고유한 네트워크 주소가 할당된다. 배포를 위해 여러 포드를 서로 다른 주소로 생성할 수 있다.

- **라벨(label)**: 쿠버네티스에서는 프런트엔드 및 백엔드, 실무 및 스테이징과 같은 여러 종류의 구성 요소 그룹을 생성하기 위해 여러 개의 라벨을 포드에 지정할 수 있다.

- **서비스(service)**: 서비스는 마이크로서비스나 데이터베이스 서버와 같이 함께 작동하는 포드의 그룹이다. 포드의 라벨을 정의하여 서비스를 생성할 수 있다.

쿠버네티스를 사용한 배포

이것이 알아야 할 개념의 전부는 아니지만, 도커와 쿠버네티스 간에는 유사점과 차이점이 있다. 실제로 쿠버네티스는 도커를 사용하며, 몇 가지 도구를 추가해 배포, 확장 및 컨테이너 모니터링 기능을 향상한다.

쿠버네티스를 사용하기 시작하는 가장 좋은 방법은 minikube를 설치하는 것이다. 이 도구는 단일 가상 머신에서 로컬로 쿠버네티스를 실행한다.

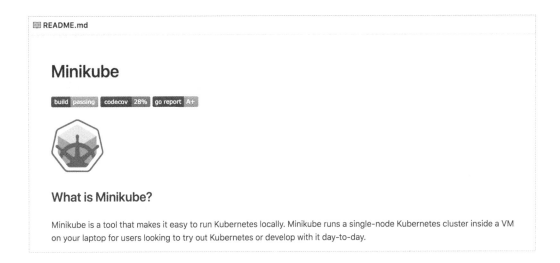

표시되는 설치 지침을 따른다. macOS를 사용하며, homebrew를 설치한 경우 다음 명령을 실행한다.

```
brew cask install minikube
```

minikube를 설치한 후 다음 명령으로 시작한다.

```
minikube start
```

준비가 완료되려면 1~2분 정도 기다려야 한다.

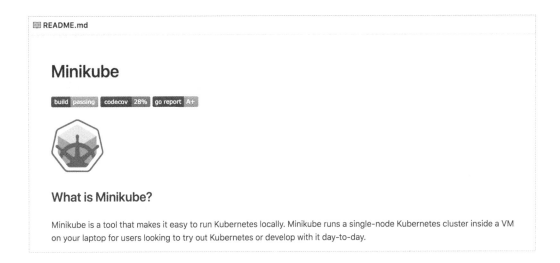

다음 명령을 실행하면 쿠버네티스 클러스터가 실행되는 것을 확인할 수 있다.

```
kubectl cluster-info
```

이것은 도커 스웜과 비슷하게 컨테이너를 실행하는 노드의 클러스터다. 다음과 같이 긍정적인 결과를 볼 수 있을 것이다.

다음 명령을 실행하여 쿠버네티스 대시보드에 접근할 수 있다.

```
minikube dashboard
```

브라우저에 다음과 같은 화면이 표시된다.

이 인터페이스를 사용해 모든 쿠버네티스를 모니터링하고 서비스와 배포를 생성할 수 있다. 예제 서비스는 RethinkDB를 사용하므로 먼저 이를 실행해야 한다.

페이지 오른쪽 모서리의 **Create** 버튼을 클릭한다. 텍스트 입력이 표시되면 다음 YAML 구성을 작성한다.

```yaml
apiVersion: apps/v1beta1
kind: StatefulSet
metadata:
   name: rethinkdb-master
spec:
   serviceName: rethinkdb-master
   replicas: 1
   template:
      metadata:
         labels:
            app: rethinkdb-master
spec:
   hostname: rethinkdb-master
   containers:
   - name: rethinkdb
      image: rethinkdb:2.3.6
      command: ["rethinkdb"] args:
      - --bind
      - "all"
      - --canonical-address
      - "rethinkdb-master:29015"
      - --canonical-address
      - "$(MY_POD_IP):29015"
      volumeMounts:
      - name: rdb-local-data
         mountPath: /data
      env:
      - name: MY_POD_NAME
         valueFrom:
            fieldRef:
               fieldPath: metadata.name
      - name: MY_POD_IP
```

```
            valueFrom:
                fieldRef:
                    fieldPath: status.podIP
    volumes:
    - name: rdb-local-data
        hostPath:
            path: /var/data/rethinkdb

---
apiVersion: v1
kind: Service
metadata:
    name: rethinkdb-master
    labels:
        app: rethinkdb-master
spec:
    ports:
    - port: 28015
        name: rdb-api
    - port: 29015
        name: rdb-cluster-api
    selector:
        app: rethinkdb-master
```

Upload를 클릭하고 잠시 기다린다. RethinkDB 데이터베이스가 금방 실행된다.

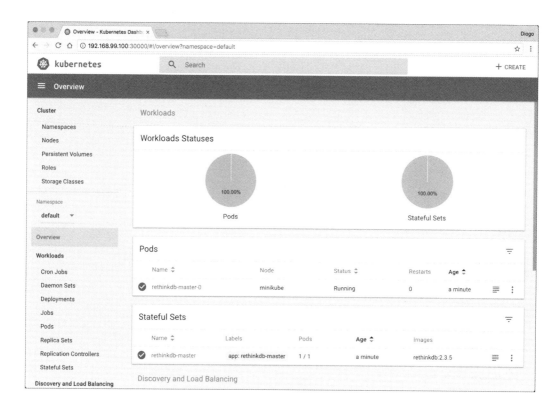

RethinkDB 서버가 올바르게 실행되는지 확인하려면 클러스터 외부에서 포트 포워딩을 추가한다. 먼저 서비스를 나열한다.

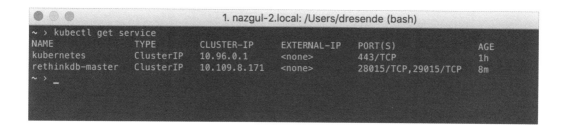

여기에 서비스가 나온다. 여러 엔드포인트가 있지만, 관리자 콘솔은 여기에 없다. 로컬 포트 5000을 포트 8080으로 포워딩한다.

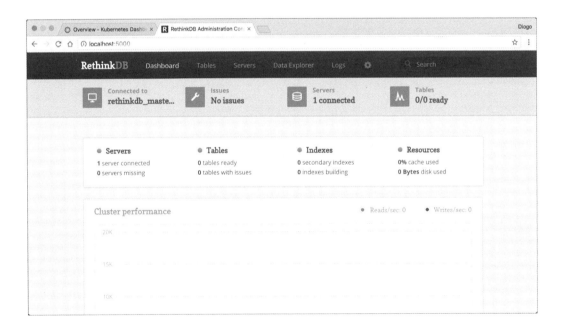

명령이 실행되는 동안 새로운 브라우저 탭을 열고 로컬 호스트의 포트 5000으로 이동한다. RethinkDB 관리 콘솔을 볼 수 있다.

이제 도커를 사용할 때와 비슷하게 예제 마이크로서비스를 배포할 수 있다. 먼저 관리 콘솔에서 `imagini` 데이터베이스를 생성한다.

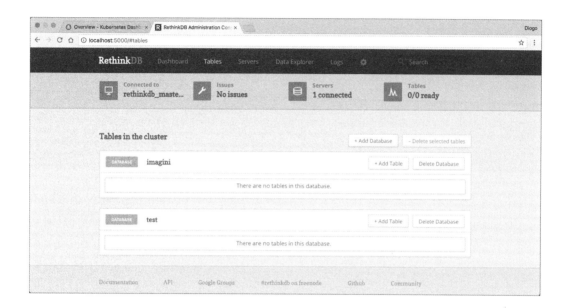

여기에서는 간단한 구현을 위해 RethinkDB 연결 정보를 코드에 하드코딩하지만, 나중에 쿠버네티스에서 영구적 볼륨을 사용하고 설정과 데이터베이스를 유지하는 방법은 직접 알아보자.

해당 코드 행을 다음과 같이 변경한다.

```
rethinkdb.connect({ host: "rethinkdb-master", db: "imagini" }, (err, db) => {
```

로컬 이미지가 있으므로 이전과 마찬가지로 빌드해야 한다. minikube 내에서 빌드해보자. 먼저 명령을 도커 베이스가 아닌 minikube로 푸시하도록 해야 한다.

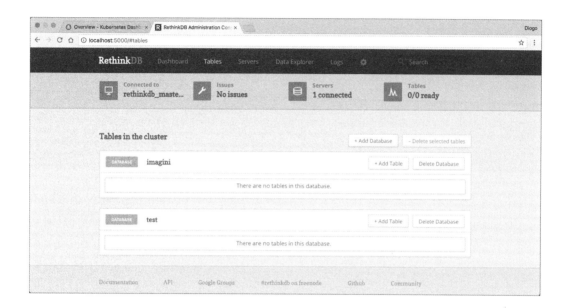

그다음 동일한 도커 명령을 사용해 이미지를 빌드한다.

```
docker build -t imagini:0.0.6 .
```

빌드한 후에는 배포를 시작한다.

```
kubectl run imagini --image=imagini:0.0.6 --port=3000
```

정상적으로 진행되면 다음과 같은 메시지를 볼 수 있다.

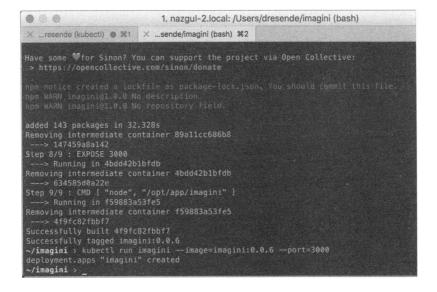

관리 콘솔을 새로 고치면 Deployments와 새로운 포드를 볼 수 있다.

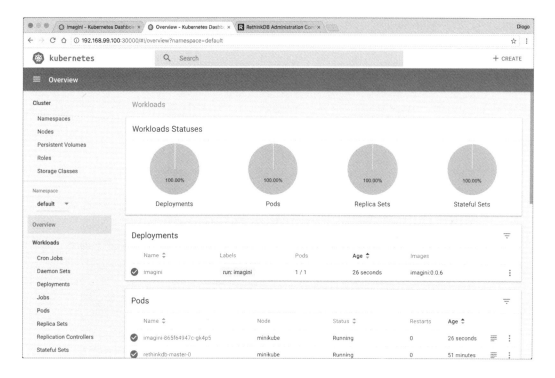

그런데 포드는 기본적으로 내부 네트워크에서만 보이므로 imagini를 외부로 노출해야 한다. 이를 위해 다음 명령을 실행한다.

```
kubectl expose deployment imagini --type=LoadBalancer
```

서비스를 확인하면 포트 3000에서 노출되지만, 현재 보류 중임을 알 수 있다. 그 이유는 minikube를 사용하지만 로드 밸런서(LoadBalancer)가 없기 때문이다. 예를 들어 클라우드 공급자에서 외부 주소가 있는 실제 로드 밸런서를 실행하고 트래픽을 내부로 라우팅할 수 있다.

이 예에서는 임의로 할당된 직접 포트 30025를 사용할 수 있다. 이전 스크린샷에 나온 마지막 명령을 사용해 브라우저 창을 시작하고 서비스를 가리킬 수 있다.

이러한 작업은 모두 브라우저의 관리 도구를 사용하거나 콘솔에서 수행할 수 있다. 일부 작업은 콘솔에서 수행하는 것이 더 편리하지만, 본인에게 편한 방법을 사용하면 된다.

여기에서 다룬 내용은 쿠버네티스의 모든 기능을 소개하기 위한 것은 아니며, 서비스에 대한 간단한 변경으로 새로운 환경에 맞게 준비하고 실행할 수 있음을 보여주기 위한 것이다. 이것이 컨테이너의 강점 중 하나다.

요약

애플리케이션을 확장하는 것은 어렵고 복잡한 일이었다. 오늘날의 애플리케이션에는 더 많은 정보가 전달되며 연결된 사용자가 끊임없이 증가함에 따라 확장이 필수적이다.

다행히 몇 년 전에 컨테이너가 소개되면서 이 문제를 더 간단하게 해결할 수 있게 됐다. 아직 상애물은 있지만, 도커나 쿠비네티스 등이 제공하는 도구를 사용하면 애플리케이션이나 마이크로서비스를 사실상 코드를 수정하지 않고 복제할 수 있다.

8장에서는 마이크로서비스를 **구글 클라우드 플랫폼(GCP)**으로 배포하기 위해 클라우드 네이티브로 만드는 방법을 알아본다.

08

클라우드
네이티브 마이크로서비스

지금까지 배운 내용을 간단히 정리해보자. 마이크로서비스를 기반으로 애플리케이션을 구축할 때의 장점을 설명하고 마이크로서비스를 개발하는 데 도움이 되는 몇 가지 도구를 소개했으며 익스프레스를 선택하고 간단한 마이크로서비스를 작성했다.

마이크로서비스와 데이터베이스 서버를 상호 연결하면서 상태와 보안에 대한 기본 사항을 배웠다. 테스트 스위트를 선택하고 상당히 높은 코드 커버리지를 달성할 때까지 테스트 유틸을 추가했다.

마지막으로 컨테이너를 사용해 마이크로서비스를 배포하는 방법을 배웠고, 서비스의 복제본을 여러 사이트로 분산해 마이크로서비스를 확장하는 방법을 배웠다.

컨테이너를 사용해 마이크로서비스를 배포하면 완전히 새로운 가능성의 세계가 열린다. 현재 주요 클라우드 공급자 중에는 컨테이너를 지원하는 곳이 많다. 즉, 로컬 컨테이너로 마이크로서비스를 실행하면 이러한 여러 공급자에서 동일한 방법으로 복제를 수행할 수 있다.

컨테이너를 사용하는 개발 방식은 애플리케이션에서 일관되고 예측 가능한 동작을 달성하는 방법이기도 하다. 이러한 장점은 배포해야 할 때 수행할 작업에도 적용된다.

컨테이너는 애플리케이션을 배포하기 위한 훨씬 간단하고 빠른 방법을 제공한다. 애플리케이션이 이미 클라우드 네이티브인 것과 비슷하며, 몇 가지 세부 사항만 지정하면 간단하게 클라우드로 배포할 수 있다.

8장에서는 예제 마이크로서비스를 클라우드 네이티브로 만들고 **구글 클라우드 플랫폼(GCP)**을 사용해 다음과 같은 작업을 수행한다.

- 새로운 프로젝트 생성

- 데이터베이스 서비스 배포

- 쿠버네티스 클러스터 생성

- 클러스터에 마이크로서비스 파일 생성

- 클러스터에 마이크로서비스 배포

클라우드 네이티브에 대한 대비

그렇다면 클라우드 네이티브란 무엇일까? 어떤 조건이 충족돼야 애플리케이션을 클라우드 네이티브라고 할 수 있을까? 보통은 애플리케이션이 자신의 건물 바깥에서 실행되면 이를 클라우드에서 실행된다고 말한다. 사실 이보다는 애플리케이션이 여러 다른 위치에서 분산 실행되며 장애에 대한 내성이 있음을 나타낸다.

클라우드 네이티브 애플리케이션(또는 마이크로서비스)은 클라우드에서 실행되며 이러한 컴퓨팅 모델의 장점을 활용하도록 처음부터 설계된다. 특히 확장 가능하며 인프라의 일부에서 장애가 발생하더라도 작동할 수 있다. 클라우드 네이티브에서 중요한 것은 마이크로서비스를 배포하는 위치가 아니라 배포하는 방법이다.

그리고 우리는 이미 조건을 갖췄다! 처음 도커를 이용해 배포한 이후부터 이미 마이크로서비스를 시작 및 재시작하고, 새로운 이미지를 재빌드하는 동안 위치보다는 방법이 관심사였다.

일반적으로 마이크로서비스를 클라우드 네이티브로 개발할 때 고려해야 할 몇 가지 사항이 있다.

- 마이크로서비스가 어떤 데이터와 어떤 종류의 구조와 관계를 처리할지 이해한다. MySQL 또는 PostgreSQL과 같은 관계형 데이터베이스로 충분할까? 다른 정보 구조를 포함하는 문서를 처리할 수 있는 MongoDB나 RethinkDB와 같은 느슨한 데이터베이스가 필요한가?

  옵션을 줄이려면 이러한 질문에 답이 필요하다. 다른 종류의 데이터베이스도 아주 다양하다. 선택의 범위를 좁힌 뒤에는 일정한 수준까지 장애를 처리할 수 있도록 더 많은 내구성을 제공하며 마이크로서비스와 같은 방법으로 복제할 수 있는 데이터베이스를 선택한다.

- 필요할 수 있는 다른 의존성에 대해 알아본다. 가능하면 특정 운영 체제에 의존하지 않는 데이터베이스를 선택한다. 클라우드 서버 아래에는 다른 운영 체제가 있으므로 특정한 유형을 강제하는 것은 좋지 않다.

- 비표준을 피한다. 더 구체적으로 말하면 현재 표준 프로토콜을 최대한 활용한다. 지역적으로 떨어져 있는 호스트로 배포하기 위해서는 연결성과 정책 규칙에 의한 제한이 트래픽에 적용될 수 있으므로 마이크로서비스 간의 통신에는 HTTP와 같은 표준을 사용하는 것이 좋다.

- 수평 확장이 가능하도록 마이크로서비스를 설계한다. 단순히 마이크로서비스의 복제본을 추가하는 방법으로 확장되지 않는 경우도 흔하지만, 작업 부하를 고르게 분산하도록 설계하도록 노력해야 한다. 한 가지 쉬운 방법은 상단에 프록시 계층을 추가하는 것이다.

클라우드 네이티브로 전환

이제 컨테이너를 사용해 마이크로서비스를 배포할 수 있으며, 쿠버네티스를 사용해 로컬 가상 머신으로 배포하는 방법도 배웠다. 다음은 클라우드 환경에서 비슷한 작업을 하는 방법을 배울 차례다. 앞의 절에서 언급한 고려 사항을 기억한다면 어떤 클라우드 공급자를 선택해도 관계없다.

이 책에서는 GCP를 선택했다. 무료 크레딧으로 1년 동안 사용해볼 수 있는 시험판이 있으므로 이 책을 공부하는 동안 사용할 수 있다. 아직 등록하지 않았다면 웹 사이트로 이동해서 등록하자. 지불 방법을 입력하라는 메시지가 나오지만, 무료 크레딧을 초과하지 않으면 요금이 청구되지 않으므로 걱정할 필요는 없다.

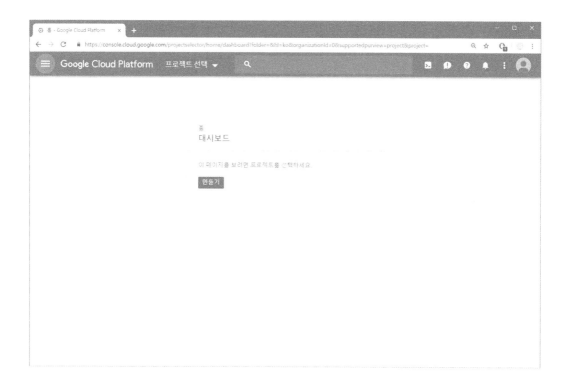

새로운 프로젝트 생성

먼저 새로운 프로젝트를 생성해야 한다. 지침에 따라 이름을 설정하고 **만들기** 버튼을 클릭한다.

그러면 프로젝트 대시보드에 접근할 수 있다. 여기에서 리소스 사용량과 프로젝트 상태, 그리고 결제 정보를 확인할 수 있다.

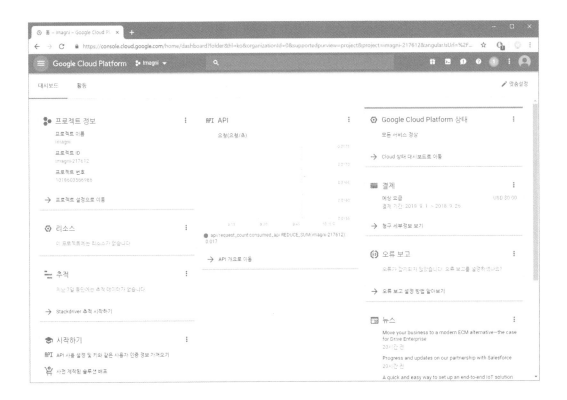

데이터베이스 서비스 배포

왼쪽에는 주 탐색 옵션이 표시되며, 그중 하나인 클라우드 런처는 필요한 서비스를 쉽게 설정할 수 있게 해준다. 7장에서는 RethinkDB를 사용했으므로 이번에는 MySQL을 다시 사용해보자. 왼쪽 위에서 탐색 메뉴 아이콘을 클릭하고 Marketplace를 클릭한다.

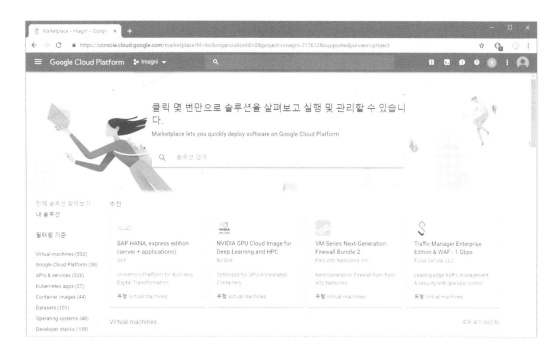

왼쪽 사이드바에 선택할 수 있는 서비스 카테고리가 표시된다. 상단의 필터를 사용해 **mysql**을 검색한다.

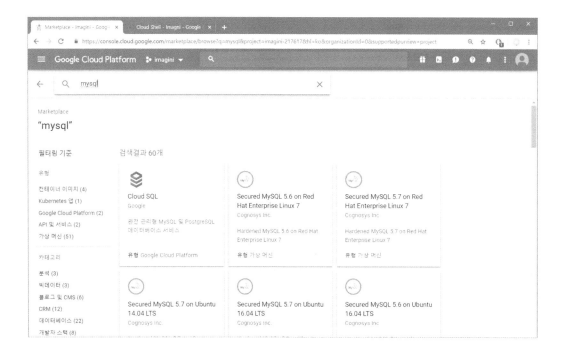

첫 번째로 표시되는 옵션인 Cloud SQL은 완전히 관리되는 MySQL 또는 PostgreSQL 데이터베이스 서비스를 실행하는 데 사용되는 구글 서비스로서 구성과 유지 관리의 부담이 적은 서비스다. 이 옵션을 클릭한다.

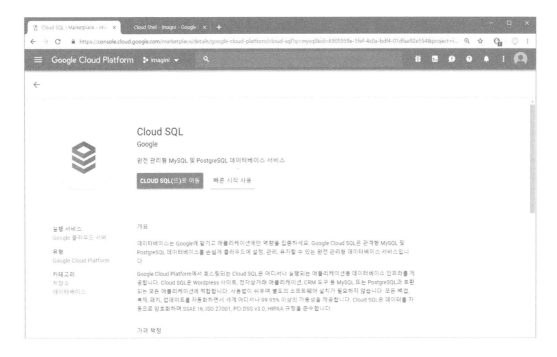

서비스에 대한 간단한 설명이 표시되며 원하는 경우 가격 책정 정보를 볼 수 있다. 현재는 무료 크레딧을 사용하고 있으므로 가격은 문제가 아니다. CLOUD SQL(으)로 이동을 클릭한다.

이 서비스를 처음 사용하는 것이므로 아직 서비스 인스턴스가 없다. "인스턴스 생성"을 클릭한다. 데이터베이스 엔진으로는 MySQL을 선택하고, MySQL 세대로는 2세대를 선택한다. 기본 루트 계정의 비밀번호를 입력하는 화면에서 비밀번호를 지정한다. 마지막에는 인스턴스 목록을 볼 수 있다. 인스턴스가 완전히 실행될 때까지 기다린다.

인스턴스 ID를 클릭하면 이에 대한 자세한 정보를 볼 수 있다. 서비스 대시보드에 접근할 수 있으며 가져오기와 내보내기를 수행할 수 있다.

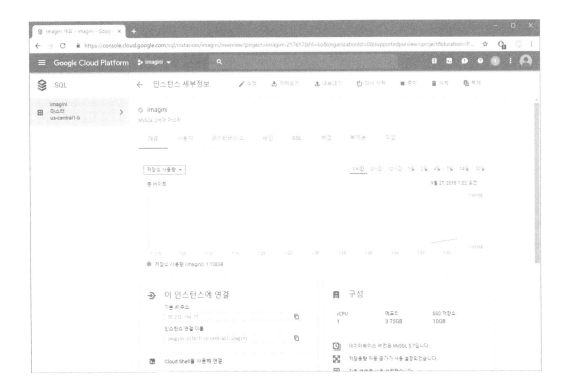

데이터베이스 탭에서는 마이크로서비스 데이터베이스를 생성할 수 있다. 데이터베이스 만들기를 선택하고 데이터베이스를 생성해보자. 문자 세트와 대조 옵션은 기본값(utf8, 기본 대조)을 사용한다.

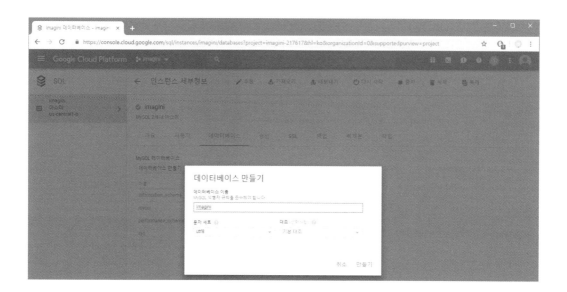

이제 데이터베이스가 준비됐다. 프로젝트 대시보드로 돌아간다. 화면 왼쪽 위 모서리의 Google Cloud Platform을 클릭한다.

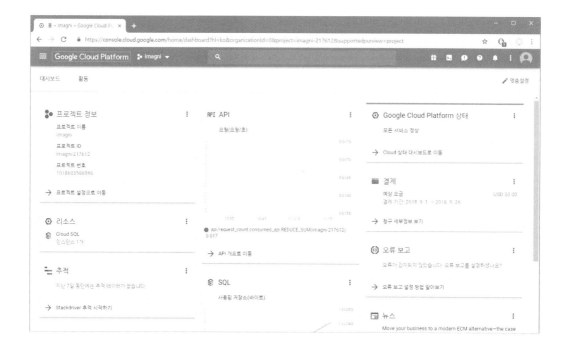

가운데 열의 **API** 블록에 활동을 나타내는 선이 보이는 것을 알 수 있다. API는 인프라의 일부이며, 방금 서비스 인스턴스를 생성했으므로 여기에서 약간의 활동이 표시된다. **API 개요로 이동**을 클릭한다.

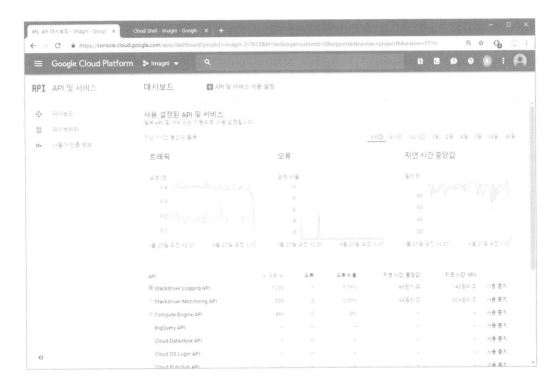

여기에서 활성화되고 사용되는 모든 API의 활동, 트래픽 및 오류를 모니터링할 수 있다. 프로젝트 대시보드로 돌아와서 사이드바를 보면 제공되는 다양한 옵션을 볼 수 있다.

약간 아래로 스크롤하면 이전에 생성한 인스턴스를 찾을 수 있는 **SQL** 섹션이 있다. 나중에 필요하므로 기억해두자.

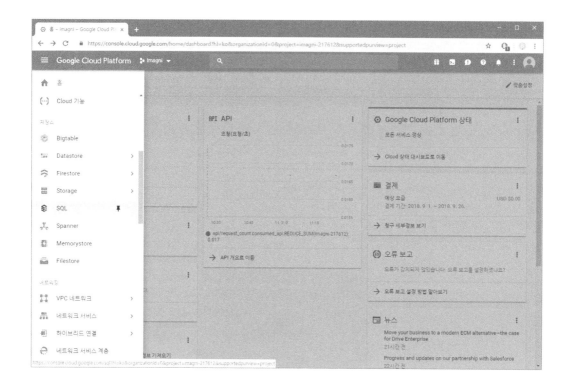

쿠버네티스 클러스터 생성

앞서 작업하는 동안 탐색 메뉴에서 Kubernetes Engine 옵션을 발견했을 텐데, 이 옵션으로 클러스터를 준비할 수 있다.

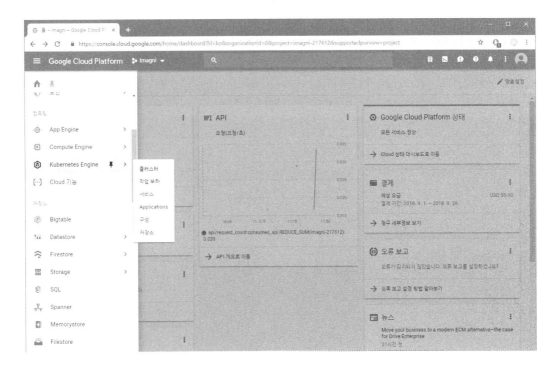

새로운 클러스터를 만들기 위한 메시지가 표시된다. 기본 옵션을 선택하거나 실험해보고 싶은 옵션을 사용하고 마이크로서비스를 실행할 클러스터를 생성한다.

이제 마이크로서비스를 실행할 3개의 노드를 포함하는 쿠버네티스 클러스터가 생성됐다. 화면 오른쪽
위 모서리에 **클라우드 셸(Cloud Shell)**이라는 중요한 아이콘이 있다.

이 아이콘을 클릭하면 터미널을 통해 플랫폼에 액세스할 수 있는 콘솔이 열린다. 여기에서 컨테이너를
모니터링하거나 연결을 확인하는 등의 모든 작업을 할 수 있다.

이 콘솔은 보통 콘솔이지만, gcloud와 kubectl 명령이 이미 설치돼 있다. 이러한 명령을 로컬에 설치하고
원격으로 클러스터를 관리하거나 이 콘솔에 접근하고 간단하게 변경 또는 확인 작업을 할 수 있다.

마이크로서비스 생성

다음은 이전에 했던 것과 비슷하게 새로운 클러스터로 배포하기 위해 수행해야 하는 단계다.

1. MySQL 인스턴스를 사용할 도커 이미지를 생성한다.

2. 인스턴스에 접근할 자격 증명을 생성한다.

3. 서비스의 구성을 생성한다.

4. 배포한다.

콘솔의 오른쪽 위 모서리에서 연필 모양 아이콘을 볼 수 있다. 이 아이콘을 클릭하면 필요한 파일을 생성하는 데 사용할 수 있는 온라인 편집기가 열린다.

아이콘을 클릭하면 빈 편집기가 포함된 새로운 탭이 열린다. 아래쪽에 있는 콘솔의 루트 폴더를 나타낸다.

package.json 파일을 만드는 것부터 시작해보자. File 메뉴를 클릭하고 New – File을 차례로 선택한다. package.json을 입력하고 의존성을 삽입한다. 이번에는 MySQL을 사용한다는 것을 기억하자.

그런 다음 서비스 파일을 생성힌다. settings.json 파일을 사용하지 않고 환경 변수를 사용해 컨테이너로 전달된 자격 증명을 사용할 것이다.

다음은 서비스의 `Dockerfile`을 생성한다.

아래쪽 콘솔에서 루트 폴더에 파일을 생성한다는 것을 알 수 있다. 콘솔을 사용해 컨테이너 이미지를 생성할 것이다. 다음 명령을 입력한다.

```
docker build . -t gcr.io/imagini-217617/imagini
```

구글 컨테이너 레지스트리(GCR)로 게시하므로 (필자처럼) 프로젝트 ID와 서비스의 이름을 사용하는
더 조직적인 이름을 사용한다.

그리고 다음 명령을 사용해 이를 레지스트리로 푸시한다.

```
gcloud docker -- push gcr.io/imagini-217617/imagini
```

정상적으로 진행되면 다음 그림과 같이 푸시되는(레지스트리로 게시되는) 이미지의 레이어 목록과 마지막에는 이미지의 다이제스트 및 크기가 표시된다.

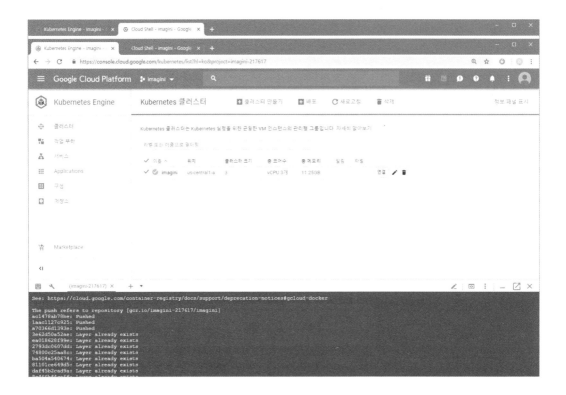

명령 중간에 편집기를 닫은 것을 알 수 있는데, 어떤 콘솔이라도 사용할 수 있으며 두 개 이상 열어놓을 수도 있다.

다음은 자격 증명을 생성해야 한다. 텍스트 파일에 암호를 넣지는 않을 것이다. SQL 프록시를 사용할 것이며, 컨테이너가 실행될 때 환경 변수를 통해 자격 증명을 노출할 것이다.

먼저 콘솔을 닫고 클러스터 이름 오른쪽에 있는 **연결** 버튼을 클릭한다.

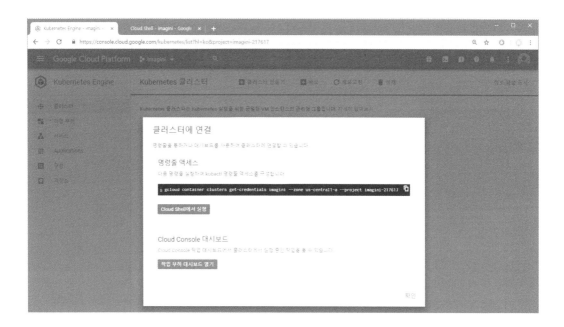

Cloud Shell에서 실행을 클릭한다. 그러면 콘솔이 다시 열리며, 클러스터에 연결하기 위한 명령을 입력할 수 있다.

Enter 키를 눌러 클러스터에 대한 접근을 얻는다.

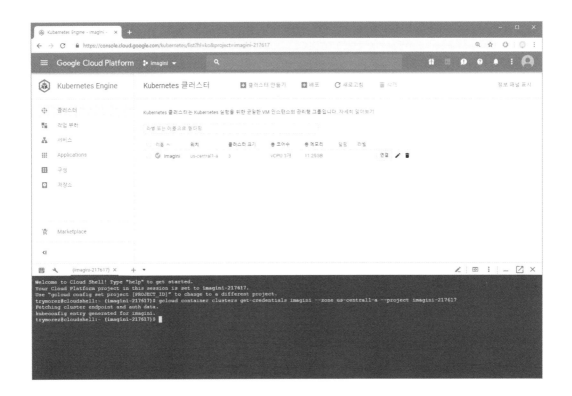

그다음은 gcloud 명령을 사용해 SQL 프록시가 클라우드 SQL 인스턴스에 액세스하는 데 사용할 프록시 사용자 계정을 생성한다.

그리고 다음 명령을 입력한다.

```
gcloud sql instances describe imagini
```

콘솔 로그에서 **connectionName**으로 시작하는 행이 보일 때까지 위로 스크롤한다. 다음 그림과 같은 위치의 인스턴스 이름에 주의한다.

나중에 사용하기 위해 이 인스턴스 이름을 복사해둔다. 이 이름은 배포 구성을 생성할 때 필요하다.

이어서 클라우드 SQL 인스턴스에 접근할 수 있는 서비스 계정을 만들어보자. **IAM 및 관리자**로 이동하고 **서비스 계정**을 클릭한다.

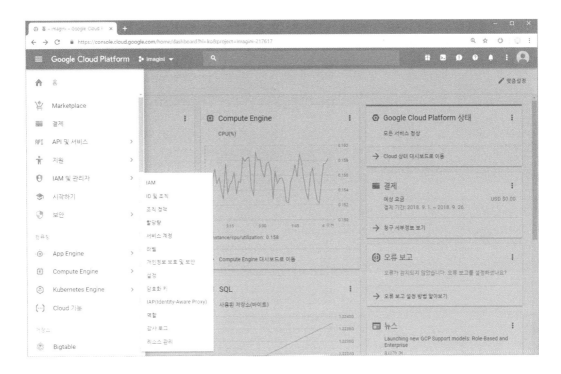

서비스 계정을 생성하기 위해 서비스 계정 세부정보를 입력하고 **만들기** 버튼을 클릭한다.

역할 선택에서 Cloud SQL – Cloud SQL 클라이언트를 선택하고 **계속** 버튼을 누른다.

키 만들기 버튼을 누르 고 키 유형으로 **JSON**을 선택한다.

완료를 누르면 계정이 생성되고 JSON 파일이 로컬 디스크에 저장된다.

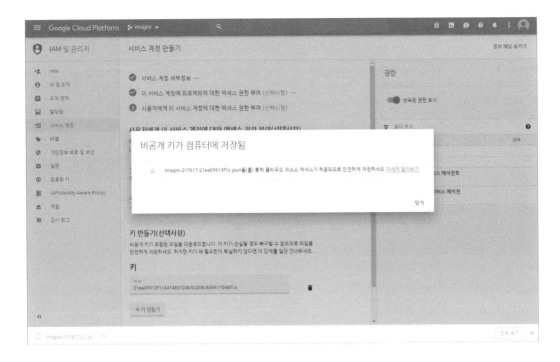

클러스터로 돌아가서 콘솔을 열고 다시 편집기를 연다. 오른쪽 위 모서리를 보면 몇 가지 옵션이 포함된 메뉴가 있는데, 옵션 중 **파일 업로드**가 있다.

방금 저장한 JSON 파일을 선택하고 해당 옵션을 사용해 업로드한다.

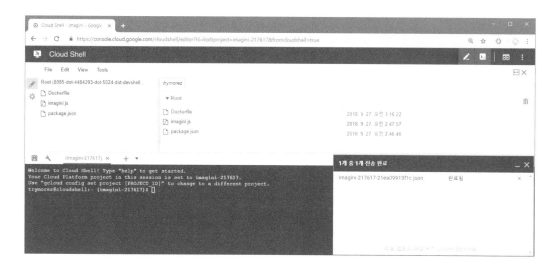

다음은 콘솔을 사용해 해당 자격 증명 파일을 사용하는 인스턴스 보안 정보를 생성한다. 다음 명령을 실행한다(앞서 저장한 자신의 JSON 파일 이름을 사용한다).

```
kubectl create secret generic cloudsql-instance-credentials --from-file=credentials.json=imagini-
217617-21ea09913f1c.json
```

다음 그림은 콘솔에서 앞의 명령을 실행한 결과를 보여준다. secret "cloudsql-instance-credentials" created와 같은 메시지가 표시된다.

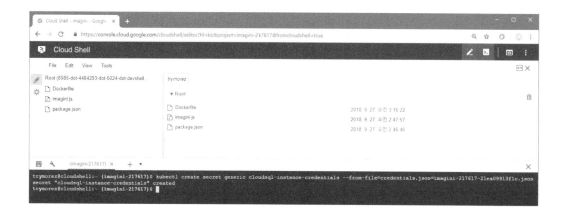

이제 데이터베이스 자격 증명 보안 정보를 생성한다.

```
kubectl create secret generic cloudsql-db-credentials --from-literal=username=proxyuser --from-
literal=password=root
```

다음 그림은 콘솔에서 앞의 명령을 실행한 결과를 보여준다. secret "cloudsql—db—credentials"
created와 같은 메시지가 표시된다.

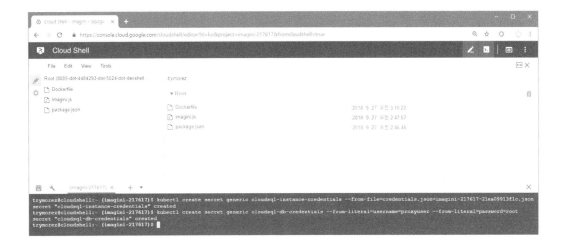

이제 서비스를 배포하기 위한 모든 준비가 완료됐다. 다음은 예제에서 사용할 구성이다.

```
apiVersion: extensions/v1beta1
kind: Deployment
metadata:
  name: imagini-frontend
  labels:
    app: imagini
spec:
  replicas: 3
  template:
    metadata:
      labels:
        app: imagini
        tier: frontend
      spec:
        containers:
```

```yaml
    - name: imagini-app
      image: gcr.io/imagini-217617/imagini
      imagePullPolicy: Always
      ports:
      - name: http-server
        containerPort: 3000
      env:
        - name: DB_USER
          valueFrom:
            secretKeyRef:
              name: cloudsql-db-credentials
              key: username
        - name: DB_PASSWORD
          valueFrom:
            secretKeyRef:
              name: cloudsql-db-credentials
              key: password
    - name: cloudsql-proxy
      image: gcr.io/cloudsql-docker/gce-proxy:1.11
      command: ["/cloud_sql_proxy", "-instances=imagini-217617:us-central1:imagini=tcp:3306",
"-credential_file=/secrets/cloudsql/credentials.json"]
        volumeMounts:
        - name: cloudsql-instance-credentials
          mountPath: /secrets/cloudsql
          readOnly: true
    volumes:
    - name: cloudsql-instance-credentials
      secret:
        secretName: cloudsql-instance-credentials
```

이 구성은 다음과 같은 사항을 정의한다.

- 서비스 이름과 동일한 메타 정보

- 원하는 복제본의 수

- 이전에 게시한 컨테이너 이미지를 사용한 서비스

- 이전에 생성한 보안 정보를 바탕으로 하는 두 개의 환경 변수

- 서비스가 Cloud SQL에 안전하게 연결할 수 있게 해주는 SQL 프록시

기밀 정보는 자격 증명 정보를 텍스트 파일에 저장할 필요가 없게 해준다. 여기에서 인스턴스 이름에 주의해야 하는데, 다음의 굵게 표시된 부분을 앞에서 복사한 connectionName의 인스턴스로 대체한다.

```
-instances=INSTANCE_ID=tcp:3306
```

마이크로서비스 배포

이제 배포를 생성할 수 있다. 편집기로 이동하고 방금 설명한 내용으로 imagini.yml이라는 배포 파일을 생성한다.

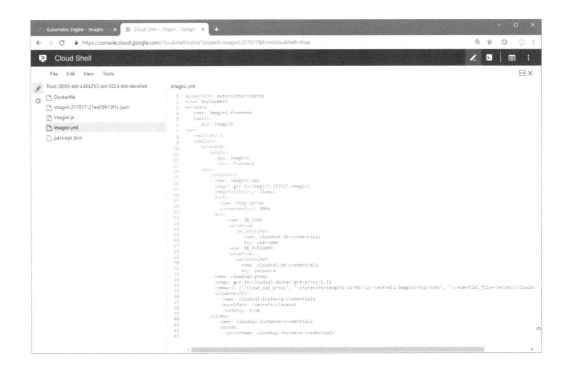

그리고 콘솔을 사용해 다음 명령을 입력한다.

```
kubectl create -f imagini.yml
```

정상적으로 진행된 경우, 다음 그림의 콘솔에 나온 것처럼 deployment "imagini-frontend" created 행이 표시된다.

이제 서비스가 배포됐다. 완전하게 실행되기까지는 약간 시간이 걸린다. Kubernetes Engine으로 돌아가서 **작업 부하**를 클릭한다.

imagini-frontend를 클릭하고 배포가 진행되는 과정을 본다.

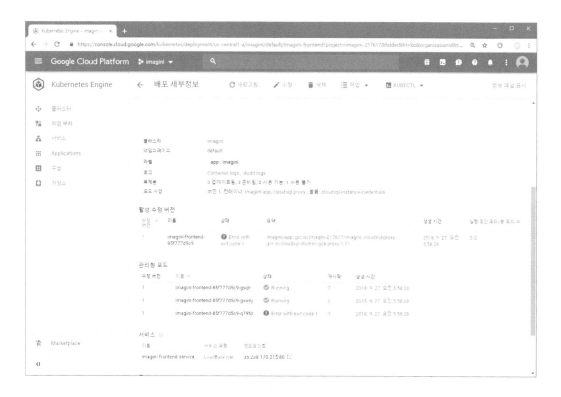

아직 복사본 중 일부가 실행되지 않은 것을 볼 수 있다. 상단의 **새로 고침**을 누르면 언제 모든 복사본이 준비되는지 볼 수 있다. 모두 준비되면 이전 페이지에 **OK**가 표시된다.

작업 부하에서 작업 부하를 변경 또는 삭제하거나 확장할 수 있다.

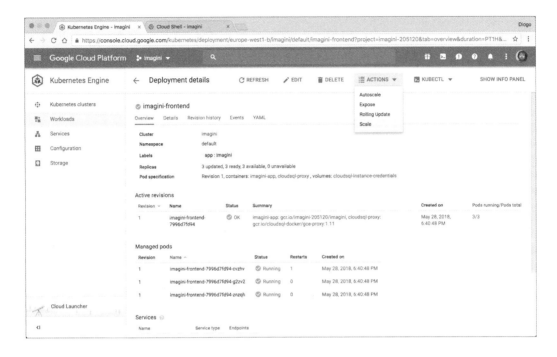

복사본의 수를 5개로 변경해보자. 잠시 기다리면 5개의 인스턴스가 실행되는 것을 볼 수 있다.

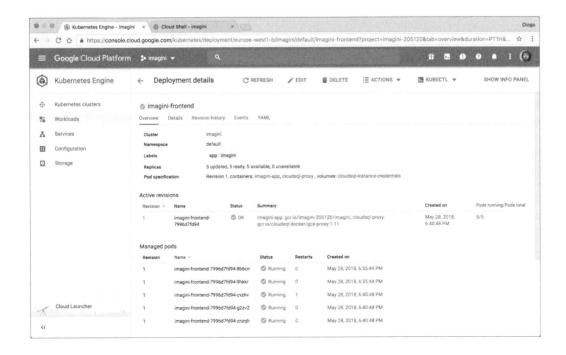

왼쪽 사이드바에서 **서비스**를 클릭한다.

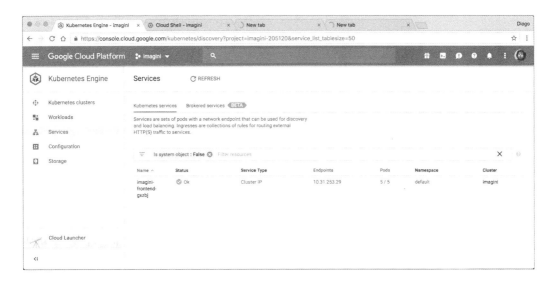

나열되는 서비스에서 클러스터 IP 엔드포인트를 사용한다. 이름을 클릭하면 자세한 내용을 볼 수 있다.

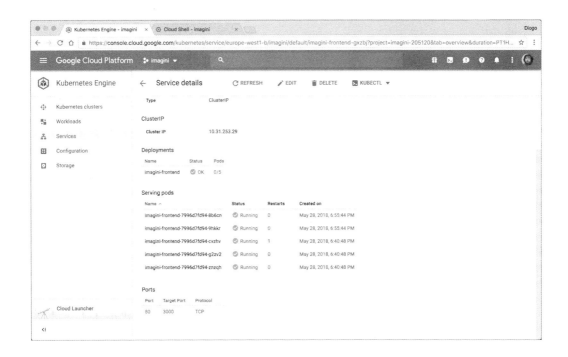

아래로 스크롤하면 서비스 포트 3000이 포트 80으로 내보내진 것을 볼 수 있다. 이것으로 끝이다!

요약

앞서 언급한 것처럼 클라우드 네이티브의 조건에서 중요한 것은 마이크로서비스를 배포하는 위치가 아니라 배포하는 방법이다. 처음부터 배포하는 위치에 의존하지 않도록 서비스를 설계하면 이를 클라우드로 옮기는 일은 어떤 클라우드를 선택하든지 아주 간단한 문제다.

특정 공급자에 종속되지 않게 하면 마이크로서비스를 다른 공급자로 마이그레이션할 수 있으며, 큰 수고 없이 여러 공급자로 배포할 수도 있다. 다음 9장에서는 몇 가지 디자인 패턴과 모범 사례를 살펴보고 마이크로서비스를 직접 개발하기 위한 모든 준비를 마무리한다.

디자인 패턴

8장에서는 코드에 대한 근본적인 수정 없이 서비스를 클라우드 공급자로 배포하는 과정을 알아봤다. 데이터베이스를 사용해 데이터를 저장했으며, 새로운 위치를 지정하기만 하면 사용할 수 있었다.

명세와 개발 과정 중에는 과제를 해결하는 방법을 두 개 이상 가지고 있는 것이 일반적이다. 개발 과정 중에 선택한 방법이나 경로는 디자인의 일부이므로 디자인 패턴이라고 한다.

어떤 디자인 패턴은 더 일반적이며 다른 디자인 패턴보다 더 잘 알려진 패턴도 있다. 어떤 디자인 패턴은 권장되며 따라야 한다. 다른 디자인 패턴은 장단기적인 단점 때문에 사용을 피해야 한다.

이번 장에서는 올바른 디자인 패턴을 선택하는 일의 중요성을 살펴보고 몇 가지 일반적인 아키텍처 패턴을 살펴보며 클라우드에 성공적으로 배포할 때까지 이 책 전체에서 따른 지속적인 통합을 검토한다.

패턴의 선택

패턴은 라이브러리나 클래스가 아니라, 특정 사용 케이스를 위해 테스트 및 최적화된 일반적인 프로그래밍 문제를 위한 재사용 가능한 솔루션이나 개념이다. 패턴은 특정한 문제 해결을 위한 개념이므로 각각의 사용 언어로 구현해야 한다.

모든 패턴에는 장단점이 있으며 잘못된 패턴을 선택하면 큰 어려움을 겪을 수 있다.

패턴은 잘 테스트되고 입증된 개발 패러다임을 제공하므로 개발 프로세스를 가속할 수 있다. 패턴을 재사용하면 해당 패턴에 익숙한 개발자들 사이에서 문제 예방과 코드 가독성 개선에도 도움이 된다.

패턴은 고성능 애플리케이션에서 특히 중요하다. 유연성을 달성하기 위해 도입한 패턴이 코드에 새로운 수준의 간접 개념을 추가해 성능이 저하될 수 있다. 언제 패턴을 도입할지, 그리고 언제 이러한 패턴이 자신이 원하는 성능 수준을 달성하는 데 문제가 되는지 알아야 한다.

올바른 패턴을 아는 것은 디자인 패턴의 반대 개념인 안티 패턴을 예방하는 데 필요하다. 안티 패턴은 처음에는 좋게 보이지만 결국에는 최악의 결정이라는 것이 드러나는 패턴이다. 안티 패턴은 특정 패턴보다는 일반적인 오류와 비슷하며, 사용하지 말아야 할 대다수의 전략으로 볼 수 있다. 다음은 가장 흔하고 자주 볼 수 있는 안티 패턴을 정리한 것이다.

- **반복하기**: 코드의 너무 많은 부분을 반복하지 않아야 한다. 너무 많은 부분을 반복하고 있다고 생각되면 잠시 멈추고 전체 그림을 살펴본 다음, 리팩터링해야 한다. 이러한 리팩터링이 애플리케이션을 복잡하게 만든다고 생각하는 일부 개발자가 있지만, 실제로는 애플리케이션을 단순하게 만든다. 리팩터링의 단순성을 이해하지 못한다고 생각하면 코드에 약간의 설명 주석을 추가한다.

- **특효약**: 가장 좋아하는 언어나 프레임워크가 모든 상황에 적용될 것이라고 생각하지 말자. 대규모 커뮤니티가 있고 충분히 성숙한 대부분의 언어는 사실상 어떤 용도로도 사용할 수 있다. 그러나 이것이 모든 작업을 잘 처리한다는 의미는 아니다. 최고의 성능을 원한다면 적어도 두어 개의 도구를 사용할 수 있어야 한다.

- **예외에 의한 코딩**: 새로운 케이스를 처리하기 위한 코드를 추가하지 않는다. 여기에서 새로운 케이스는 새로운 기능이 아니라 예기치 못한 코드의 동작을 의미한다. 예를 들어 파일 업로드 기능을 추가하는 경우 파일이 비어 있거나 내용이 잘못되거나 파일이 너무 큰 경우와 같은 전송 중 오류가 발생할 수 있음을 기억해야 한다.

- **우연에 의한 프로그래밍**: 성공할 때까지 시행착오를 반복하는 방식의 프로그래밍을 피한다. 이러한 작업 방식은 반드시 피해야 하며, 우연에 의한 프로그래밍은 (우연히) 작동하는 경우도 있지만, 그렇지 않으면 오류를 일으키는 코드로 이어진다.

아키텍처 패턴

마이크로서비스, 더 구체적으로 마이크로서비스의 생태계를 개발할 때 어떤 패턴은 아주 자연스러우며 본인도 모르는 사이에 사용하게 된다. 아키텍처 패턴을 살펴보면 여러 흥미로운 패턴이 있으며, 그중 일부는 이미 사용해본 것이다.

프런트 컨트롤러

프런트 컨트롤러(front controller)는 모든 요청이 처리기(handler)라고 하는 아키텍처의 단일 지점을 통하게 하고, 여기에서 요청을 처리하고 다른 처리기로 발송하는 패턴이다. 이 패턴은 예를 들어 로드 밸런서와 역방향 프록시 등에서 사용된다.

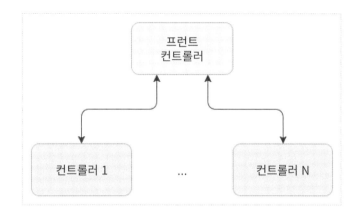

이 패턴은 특히 **프런드 컨트롤러**가 단순히 요청을 라우팅하는 역할을 할 때 수평 확장을 하는 경우 유용하다. 수평 확장을 하면 실제로 각 요청을 처리하는 데 시간을 소비하는 개별 제어기가 더 많은 요청을 처리할 수 있게 된다.

이 패턴은 또한 다른 서비스가 컨트롤러의 위치와 부하가 가장 적은 컨트롤러를 찾을 수 있도록(요청을 더 빠르게 처리하기 위해) 아주 유용한 도움을 준다.

계층화

계층화 패턴(layered pattern)은 파일 시스템과 운영 체제(물론 가상 머신을 포함)에서 흔히 사용되며, 가장 기본적인 원시 데이터부터 실제 사용자에게 제공되는 데이터 사이에 여러 다른 레이어로 구성된다.

계층화 패턴의 목적은 각 레이어 사이의 복잡성을 서로 분리하여 다른 레이어가 작업하는 방법을 알 필요가 없게 하는 것이다.

- 데이터 구조를 안전하고 빠른 방법으로 처리하고 저장한다.

- 데이터 구조를 조작하고 비지니스 로직을 추가한다.

- 사용자 요청을 처리하고 지역화된 형식으로 데이터를 표시한다.

서비스 로케이터

서비스 로케이터(service locator) 패턴은 사실은 안티 패턴이며, 생태계에 훨씬 많은 복잡성을 추가하므로 추천되지 않는다. 이 패턴은 서비스가 자신의 기능을 등록하고 다른 서비스가 필요로 하는 서비스를 찾기 위해 정보를 요청할 수 있는 **서비스 로케이터**라는 하나의 중앙 레지스트리로 구성된다.

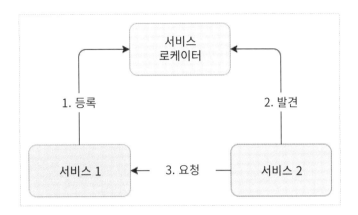

서비스 로케이터는 프런트 컨트롤러와 비슷하지만, 간단하게 프런트 컨트롤러에 요청하는 것이 아니라 서비스 로케이터와 계약을 맺어야 하므로 복잡성이 추가된다.

관찰자

관찰자 패턴(observer pattern)은 현재 Node.js에서 매일 사용된다. 이 패턴은 관찰자라고 하는 의존자의 목록을 관리하는 하나의 주제(subject)로 구성되며, 이 주제의 상태가 변화되면 해당 의존자에게 알림이 전달된다.

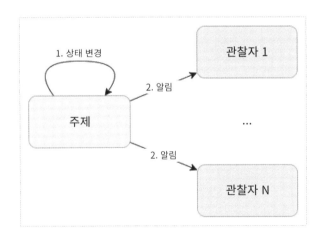

이러한 현상은 웹 브라우저에서 코드(관찰자)를 통해 이벤트 수신자를 객체 또는 인터페이스 요소(주제)에 연결할 때마다 확인할 수 있다.

게시-구독

아주 비슷한 다른 패턴으로 **게시-구독 패턴**(publish-subscribe pattern)이 있다. 이 패턴은 관찰자 패턴과 거의 동일하다. 구독자는 이름이 의미하듯이 특정 이벤트(또는 주제)에 대해 구독하며, 게시자는 이러한 이벤트를 생성하거나 해당하는 주제로 정보를 전송하여 구독자를 호출한다.

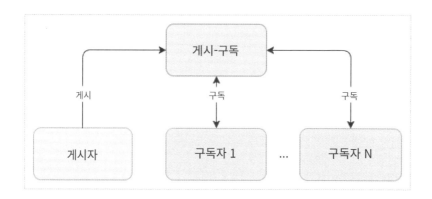

두 패턴의 차이는 사소하게 보이지만 실제로는 아주 중요하다. **게시-구독** 패턴은 관찰자 패턴과 달리 타사 서비스가 필요하며, 게시자가 구독자에 대한 정보를 가지지 않는다. 즉, 구독자를 직접 처리하고 알릴 필요가 없으므로 코드가 간소화된다.

이 패턴은 마이크로서비스의 통신에 상당히 유용하며, 상태 변경 알림을 추상화하는 타사 구성 요소를 포함한다. 또한 게시자와 구독자는 서로에 대한 정보를 가지지 않는다.

패턴 사용

좋은 디자인 패턴을 선택하는 일은 실제로는 좋은 모범 사례를 선택하는 것이다. 모든 디자인 패턴이 모든 목적에 적합한 것은 아니지만, 여러 시나리오에서 작업을 수월하게 해준다. 처음에는 차이를 크게 느끼지 못할 수 있지만, 장기적으로는 큰 차이를 느끼게 된다.

좋은 디자인 패턴에는 간접적인 이익도 있다. 예를 들어 게시-구독 패턴을 사용할 때 다양한 옵션을 선택할 수 있을 뿐 아니라 온라인에서 더 많은 설명서와 예제를 볼 수 있다. 또한 다양한 유형의 구현을 서비스와 통합할 수 있다.

필요성을 충족할 수 있는 패턴을 선택하려면 현재는 물론 향후 필요성을 이해하고 계획해야 한다. 또한 어떤 특수 상황이 있는지, 패턴으로 이러한 상황을 처리할 수 있는지를 고려해야 한다.

마이크로서비스 계획

마이크로서비스를 개발하는 일은 간단한 작업처럼 보일 수 있다. 이름이 의미하는 것처럼 마이크로서비스는 아주 작은 서비스지만, 종종 간단해야 하는 것이 불필요하게 복잡해지는 경향도 있다.

물론 서비스가 반드시 작아야 한다는 것은 아니며 충분히 복잡한 서비스도 만들 수 있다. 간단해야 하는 것은 서비스의 목표와 속성이다. 서비스가 하는 일과 하지 말아야 하는 일에 대해서는 의심의 여지가 없이 분명해야 한다.

코드 작성을 시작하기 전에 다음과 같은 서비스의 특성을 먼저 정리해야 한다.

- 무엇을 위한 서비스인가? 어떤 작업을 하는가?
- 어떤 다른 서비스가 이 서비스를 사용하는가? 어떤 프로토콜을 사용하는가?
- 다른 서비스를 대체하는가? 동일한 작업을 하는가?

한마디로 요약하면 요약하면 서비스의 목적을 알아야 한다. 서비스의 목적을 명확하게 정의하지 않고 무턱대고 개발하기 시작하면 마이크로서비스의 주요 목표를 벗어난 혼합된 서비스가 만들어진다.

올바른 목적을 정의한 후에는 최적의 패턴을 선택하고 개별 작업을 계획할 수 있다. 첫 번째 작업을 개발하려면 먼저 서비스의 기본 레이아웃을 만들어야 하므로 시간이 더 오래 걸릴 것이다.

테스트와 커버리지, 그리고 설명서를 될 수 있으면 일찍 추가하는 것을 잊지 말자. 나중으로 미루고 싶어 하는 개발자들이 많지만, 결국에는 후회하게 된다. 간단한 작업에 대한 간단한 테스트를 추가하기가 더 쉽다. 코드 커버리지도 이 시점에 높이기가 더 쉽다. 설명서를 추가하는 것도 개별 작업을 계획할 때 하기가 더 쉽다.

첫 번째 작업 및 이에 해당하는 올바른 테스트를 함께 작성한 다음에는 첫 번째 배포를 설정해야 한다. 그러면 첫 번째 배포 주기가 완료되며 다음 계획 단계가 시작된다. 작은 작업으로 이 루프를 반복하면 더 빠르게 개발하고 배포할 수 있게 된다.

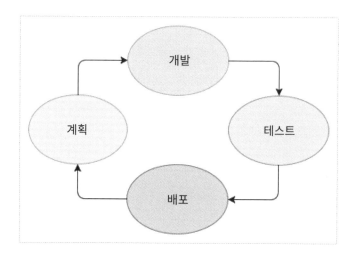

이처럼 간단한 작업을 사용하는 간단한 루프를 반복하면 개발하고 테스트 클러스터로 배포하는 **지속적 통합**과 **지속적 배포**가 가능하다. 모든 사항이 테스트를 통과하면 변경 사항이 자동으로 테스트 및 배포된다.

개발의 장애물

앞서 살펴본 것처럼 마이크로서비스 아키텍처는 코드를 더 작고 격리된 프로젝트로 분할하여 더 쉽게 개발하고 책임을 위임하는 등의 여러 장점이 있다.

그런데 복잡한 시스템이나 애플리케이션을 구축할 때는 이러한 장점을 누리기 위해 비용을 지불해야 한다. 마이크로서비스가 작동하는 방식 때문에 본질적인 정보의 장벽이 있다. 특정 유형의 정보를 담당하는 마이크로서비스가 해당 정보를 조작하는 유일한 서비스여야 하며, 다른 서비스에서 해당 정보에 접근하려면 이 서비스와 통신하도록 해야 한다.

이렇게 하면 정보를 담당하는 서비스가 명확하므로 정보에 대한 더 세밀한 제어가 가능하며, 권한 부여나 등급별 접근 제한을 통해 서비스나 사용자 인증을 강제할 수도 있다. 이것은 복잡한 애플리케이션의 경우 서비스 간 메시징이 증가하여 네트워크에 부담을 줄 수 있다는 의미다.

서비스 간 메시징이 증가하면 네트워크 트래픽과 지연 시간이 증가한다. 또한 통신하는 서비스가 같은 로컬 네트워크에 있지 않은 경우 상당한 지연 시간이 발생한다. 접근 속도를 개선하기 위해 일종의 캐시를 추가할 수 있지만, 복잡성이 증가하는 결과를 가져온다.

각각의 마이크로서비스를 테스트하고 개발하는 일은 일체형 애플리케이션보다 쉽지만, 마이크로서비스 테스트 프레임워크 전체를 판단하고, 두 개 이상의 서비스를 함께 테스트하는 것은 더 복잡하다.

마지막으로 나노서비스가 되지 않도록 한다. 나노서비스는 일종의 안티 패턴으로서, 아키텍처를 가는 입자로 분해하는 데 집착한 나머지 너무 작은 서비스를 만들어 오히려 개발이 극도로 복잡해지는 것을 말한다.

마이크로서비스의 수와 각각의 서비스가 하는 일 사이에 적당한 균형을 찾도록 하자. 서비스를 특정한 업무를 맡은 사람이라고 생각하면 이해하기 쉽다. 한 명이 전담하기에는 너무 간단한 작업인가? 동일한 맥락의 더 광범위한 작업을 처리할 수 있을까?

요약

오늘날의 애플리케이션에는 마이크로서비스를 활용할 여지가 많다. 애플리케이션은 더 이상 일체형이 아니며, 오래전에 전통적인 컴퓨터 아키텍처를 탈피했다. 사용자들은 끊임없이 애플리케이션 간의 통합과 상호 운용성을 요구하고 있다.

마이크로서비스는 프런트엔드, 백엔드, 모바일 또는 단순 API 등의 컨텍스트를 분리하여 애플리케이션의 복잡성을 낮출 수 있게 해준다. 마이크로서비스는 제대로 사용하면 큰 능력을 부여하고 복잡성과 책임을 분할할 수 있는 개념이자 패턴이다.

또한 여기에서 그치지 않고, 확장이 필요할 때 일체형 애플리케이션 전체를 늘릴 필요 없이 서비스를 복제하는 수평 확장이 가능하므로 궁극적으로 자원과 비용을 절감할 수 있다.

사실 지금까지 배운 내용은 기본적인 내용에 불과하며 아직 배울 내용이 많다. 직접 사용해보고 선택할 수 있는 클라우드 공급자와 도구가 많다. 연습이 완벽을 만든다는 것을 기억하고 노력하길 바란다. 행운을 빈다!